1000 WORDS & IDIOMS

TEAP 英単語スピードマスター

TEAP400点満点取得者
森田鉄也　トニー・クック
Morita Tetsuya　Tony Cook

Jリサーチ出版

はじめに

① TEAP 対策

　2014年の第1回の試験から TEAP を受験し続けていて感じたのは、TEAP は日本の高校生にとって、かなり難しい試験であるということでした。リーディングの語彙問題や読解問題などは難関大学入試のものに比べてそれほど難しくはないのですが、アメリカの大学生活で使われる単語・熟語、そして図表描写をする表現など、これまでの大学入試対策の学習では出会わないものが数多くあるという印象を受けました。自分自身はアメリカ留学をしていたので、リスニングの問題に出てくる状況がよくわかります。「あー、テスト前の時、こういう状況だったなぁ」「友達とこんな会話よくしたなぁ」「教授にアドバイスを求めにオフィスに行ったなぁ」といったことが頭をよぎります。しかし、そういった経験をしたことがない人たちにとっては、相当難しい問題が出てきます。使われている表現から場面を頭に浮かべることができないと、全く解けない問題も出題されます。しかし、TEAP に特化した単語集はありませんでした。英検1級や準1級の単語集では TEAP の試験対策に本当に必要な単語が載っていませんし、TEAP に出てこない単語がたくさん載っています。TOEFL の単語集も TEAP の試験対策に不要な単語が多すぎます。そこで自分で作ることにしました。今まで受験して出会った単語やイディオム、スピーキングやライティングで使える表現をふんだんに詰め込みました。この TEAP に特化した単語集を使ってぜひ目標点を突破してください！

② 本書の構成

　得点 UP に直結するように、TEAP 受験に重要なものから順に並べています。

　第1章では、日本の大学入試までの勉強であまり習うことのない、TEAP によく出るアメリカの大学生活で使う表現を並べています。日本語に訳しただけではどういった意味なのか分かりにくいものには解説も加えています。

　第2章では、ライティング、リーディング、リスニングと3つのパートで必要となる図表を描写するときに使うものを並べています。これも多くの人は大学入試までで習うことがないのでしっかりと知っておきましょう。

　第3章では、日本人が非常に苦手なスピーキングパートで使える表現をサンプルと共に紹介しています。話すときに必要な型と表現を出題形式と共にきちんと学習しましょう。

　第4章では、ライティングパートで使える表現をサンプルと共に紹介しています。ライティングで使える表現と型、そして接続副詞を効果的に使えるようになりましょう。

　第5章からは、学術系（自然科学系、社会科学系、人文社会系）の単語とその他 TEAP で押さえておきたい単語を並べています。

　第6章では、TEAP で押さえておきたい熟語表現を並べています。

　重要度順に並べていますが、自分はライティングが弱いので4章から、私はスピーキングを勉強したいから3章から、といった形で学習し始めることもできます。

森田鉄也

CONTENTS

はじめに ……………………………………………………… 2

TEAP について ……………………………………………… 6
問題構成 ……………………………………………………… 8
受験案内 ……………………………………………………… 12
本書の構成・使い方 ………………………………………… 14
音声ファイルダウンロードの手順 ………………………… 16

第1章 **大学生活(基本単語)** …………… 17

第2章 **図表セクションの単語** …………… 57

第3章 **スピーキングに使う表現** ………… 73

第4章 ライティングに使う表現 ……… 101

第5章 カテゴリ別単語 ……… 119
（リスニング、リーディングのための重要単語）

自然科学の単語 ……… 120
社会科学の単語 ……… 144
人文科学の単語 ……… 159
その他の重要単語 ……… 172

第6章 熟語 ……… 294

さくいん ……… 329

TEAP について

TEAP とは？

TEAP とは、Test of English for Academic Purposes の略語で、上智大学と公益財団法人 日本英語検定協会が共同で開発した、大学で学習・研究する際に必要とされるアカデミックな場面での英語運用力を正確に測定するテストです。

テストの形式は総合的な英語力を正確に把握することができるよう「読む」「聞く」「書く」「話す」の 4 技能で構成されています。

「読む」「聞く」「書く」「話す」の 4 技能を測るテスト

テストの種類	回答方式	時間
Reading test	マークシートによる択一選択方式	70 分
Listening test	マークシートによる択一選択方式	約 50 分
Writing test	解答用紙への記入	70 分
Speaking test	1 対 1 の面接方式	約 10 分

出題分野

TEAP で出題される問題は、大学教育で遭遇する語彙・場面・分野（英語で講義を受ける、英語の文献を読み解く、英語で発表を行うなど）を想定した設定・内容となっており、アカデミックな英語に特化しています。

難易度

難易度の目安としては、英検準 2 級～準 1 級程度で、日本の高校 3 年生の英語を測定するのに最適なレベルとなっています。主に高校 3 年生を対象とした大学入試を想定して開発され、テスト内容はすべて大学教育（留学も含む）で遭遇する場面を考慮して作成されています。

年に複数回の受験が可能

一度で合否が決まる従来の入試と異なり、受験機会を年に3回提供することで、受験者の選択肢を広げます。

成績

TEAPは「合否」を判断するテストではありません。現在の英語力を「スコア」および「バンド」でフィードバックします。
大学はスコアとバンドの両方を自由に利用できるため、入試や学力測定の際には非常に便利です。

スコア

4技能のスコアは項目反応理論(IRT：Item Response Theory)に基づいて標準化されたものを表示しています。また2001年に欧州評議会によって公開され世界的に関心を集めているCEFR (Common European Framework of Reference for Languages) によるバンドも表示します。4技能とも、異なる機会に異なるテストセットを受けても、IRT及びCEFRによる絶対評価により、試験結果を統一した尺度上で比較することができます。

バンド

4技能とも、CEFRによる6段階のバンドのうちA2～B2までの力を測定し、バンド表示で結果をお知らせします。受験者の英語力が、世界的に利用されているレベル表示でどの程度に位置するのかを知る目安となります。

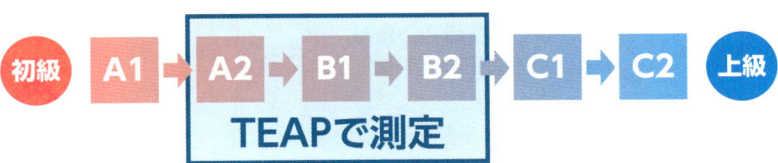

問題構成

Reading リーディング

100点満点

試験時間：70分
問題数：60問
解答方式：マークシートによる択一選択方式

大問	問題形式	ねらい
Part 1(20問)	語彙・語法	大学での授業や資料・文献などを理解する上で必要とされるアカデミックな語彙力
Part 2A(5問)	図表の読み取り	授業や資料・文献などにおける視覚情報の理解とそれに基づく類推
Part 2B(5問)	掲示・Eメールなどの読み取り	学業に関わる掲示・Eメールなどにおける情報の理解
Part 2C(10問)	短い英文の読み取り	教材や資料・文献などにおけるパラグラフ単位の英文理解
Part 3A(8問)	長い英文の読み取り	教材や資料・文献などにおける英文の文脈や論理の流れの理解
Part 3B(12問)	長い英文の読み取り(図表も含む)	教材や資料・文献などにおける英文の詳細理解(図表も含む)

※問題に関する冊子内の指示文は全て英語です。

Listening リスニング

100点満点

試験時間：約50分
問 題 数：50問
解答方式：マークシートによる択一選択方式

大問	問題形式	ねらい
Part 1A(10問)	短い会話の聞き取り	学生として遭遇する可能性の高い相手とのやりとりの聞き取り(例：教授、アカデミック・アドバイザー、留学生など)
Part 1B(10問)	短い英文の聞き取り	講義(ミニ・レクチャー)や報道情報などの聞き取り
Part 1C(5問)	短い英文の聞き取り	図表の理解と組み合わせた英文の聞き取り
Part 2A(9問)	長い会話の聞き取り	学生として遭遇する可能性の高い相手とのやりとりの聞き取り(例：教授、アカデミック・アドバイザー、留学生など) ※2者間だけでなく、3者間のやりとりも含む
Part 2B(16問)	長い英文の聞き取り	授業・講義などの聞き取り(図表も含む)

※問題に関する冊子内の指示文、及びリスニングの指示音声は、全て英語です。

問 題 構 成

Writing ライティング

100点満点

試験時間：70分
問 題 数：2問
解答方式：解答用紙への記入
評価方法：認定された採点者による採点

大問	問題形式	ねらい
Task A (1問)	課題文の要約	説明文・評論文などの要約を書く。
Task B (1問)	エッセイ	複数の情報(図表も含む)に基づいてエッセイを書く。

Task A　試験の特徴
論説記事などを読み、70語程度の要約を作成します。

Task B　試験の特徴
複数の情報源(図表を含む)から論点を読み取り、それらを統合したうえで自身の考えを200語程度で展開することが求められます。

※問題に関する冊子内の指示文は全て英語です。

Speaking スピーキング

> **100点満点**

試験時間：約 10 分
問 題 数：4 問
解答方式：Examiner との 1 対 1 の面接方式
評価方法：認定された採点者による採点
注意事項：試験内容は録音され、採点に利用されます

大問	問題形式	ねらい
Part 1(1 問)	受験者の生活に関する質問 (質問は複数)	受験者自身のことについて説明する。
Part 2(1 問)	受験者が Examiner にインタビュー (ロールプレイ型)	対話における効果的なやりとり (対話のリード)
Part 3(1 問)	1つのテーマに沿ったスピーチ	与えられたテーマに関して、まとまりのあるスピーチをする。
Part 4(1 問)	Q & A (質問は複数)	与えられた話題に関する質問に答える。

試験の特徴
試験は受験者入室から退室まで連続して録画または録音されます。Part 2 では受験者が自ら対話をリードしていくことも求められます。

受験案内

試験日程

試験は年に3回実施されます。

	試験日	申込期間
第1回	7月	5月〜6月
第2回	9月	7月〜8月
第3回	11月	9月〜10月

受験パターン・受験料

使用目的やニーズによって3つの受験パターンがあります。

	技能	受験料
4技能パターン	Reading・Listening・Writing・Speaking	15,000円
3技能パターン	Reading・Listening・Writing	10,000円
2技能パターン	Reading・Listening	6,000円

受験資格

高校2年生以上

※受験年度で高校2年生となる生年月日以前の生まれであること
　例：2016年度に受験する場合
　　　2000年4月1日以前の生まれであること。

スコアの有効期間

スコア取得後2年度の間有効

※取得翌年度及び翌々年度の大学入学に利用可能

申し込み方法

インターネット申し込み → 受験票印刷 → 受験 → 試験結果

　TEAPの受験申し込みをするには、TEAPのウェブサイトでIDの登録をする必要があります。受験日、受験地域、受験パターンを選択し、受験料を支払います。

　受験票は送付されないため、TEAPのウェブサイト上から受験者自身で印刷しなければなりません。

　また試験の結果はTEAPのウェブサイト、郵送される成績表にて確認できます。

試験当日のスケジュール

集合時間（受付締め切り）	9:30
リーディング（70分）	10:00 〜 11:10
リスニング（約50分）	11:12 〜 12:02（終了予定）
午後集合時間	13:00
ライティング（70分）	13:30 〜 14:40
スピーキング（約10分）	15:00 から順次

※スピーキングテストは15:00から順次開始となりますが、受験番号によりブロックAとブロックBに分かれます。また、スピーキングテストの最終終了予定時刻は17:05前後となります。

TEAPに関する問い合わせ先

TEAPウェブサイト
http://www.eiken.or.jp/teap/

英検サービスセンター　TEAP運営事務局
TEL：03-3266-6556

※平日9:30 〜 17:00（土・日・祝日を除く）
　ただし試験前日・当日は以下の通り窓口開設
　試験前日 9:30 〜 12:00 ／試験当日 8:00 〜 17:30

本書の使い方

■単語の効果的な覚え方

① 問題形式にして覚える。

　英単語とその意味をただ眺めるのではなく、赤シートで単語の意味を隠してテスト形式にして覚えていきましょう。音声で学習する人も日本語訳が流れる前に、自分が意味を覚えているか確認しながら学習していきましょう。

② 覚えた単語には印をつけましょう。

　覚えた単語については、見出し語の横の□の欄に印（例：☑、☒）をつけましょう。全く覚えられない単語、覚えたかどうか自信のない単語は空欄のままにしておきましょう。覚えていない単語だけを繰り返し学習することにより、学習の効率が上がります。

③ 別の知識といっしょにつなげて覚えていく。

　見出し語の意味を覚えたら、関連語や類語もいっしょに覚えましょう。また、例文中に太字で出てきている語句もいっしょに覚えましょう。別の知識と結びつくことにより、点であった知識が線になり、記憶が強化され、忘れにくくなります。スピーキングやライティングのパートでは文単位、フレーズ単位で、使い方を意識しながら覚えていきましょう。

収録されている単語

第1章 大学生活(基本単語)、第5章 カテゴリ別単語(自然科学/社会科学/人文科学/その他)、第6章 熟語に収録されている見出し語、関連語の語彙数の内訳は以下の通りです。これらの単語に加え、Chapter2 図表セクションの単語に出てくる92の単語・イディオムを合わせて、基本1046語となります。

	見出し語	関連語
第1章 大学生活	76	52
第5章 自然科学	45	45
社会科学	30	22
人文科学	26	34
その他	240	250
第6章 熟語	105	35

本書で使われている記号

- 関 関連語
- 類 類義語
- 反 反意語
- 動 動詞
- 形 形容詞
- 副 副詞
- 名 名詞
- 前 前置詞
- ❗ 見出し語または関連語に関する補足説明

赤シート

- 赤シートを当てると単語の意味が消えます。
- 単語の意味を覚えたかどうか確認するのにご利用ください。

音声ファイルダウンロードの手順

■音声

2枚の付属CDまたはダウンロードした音声ファイルを使って、耳からも学習してください。見出し語（英語）→ 例文（英語）の順に収録されています。

■音声ファイルダウンロードの手順

① パソコン、タブレット端末、スマートフォンからインターネットで専用サイトにアクセス

Jリサーチ出版のホームページから『TEAP英単語スピードマスター』の表紙画像を探してクリックしていただくか、下記のURLを入力してください。

http://www.jresearch.co.jp/isbn978-4-86392-298-3/

② 【音声ダウンロード】というアイコンをクリック
③ ファイルを選択し、ダウンロード開始
④ ファイルの解凍、再生

音声ファイルは「ZIP形式」に圧縮された形でダウンロードされます。圧縮を解凍し、デジタルオーディオ機器でご利用ください。

※ご注意を！

音声ファイルの形式は「MP3」です。再生にはMP3ファイルを再生できる機器が必要です。ご使用の機器等に関するご質問は、使用機器のメーカーにお願いいたします。また、本サービスは予告なく終了されることがあります。

第*1*章

大学生活

001 semester
[siméstər]

名 (2学期制の)学期

■ This **semester**, a series of talks will be given on campus by leading academics on diversity.

今学期に、第一線の学者が多様性のテーマに関する一連の講義を大学内で行う。

- a series of　　　　　　　　　一連の〜
- leading [líːdiŋ]　　　　　　　**形** 一流の、大手の
  ① 他をリードする(ひっぱっていく)人や企業によく使う
- diversity [divə́ːrsəti]　　　**名** 多様性 (diverse **形** 多様な)

関
- term [tə́ːrm]　　　　　　　　(3学期制の)学期
- quarter [kwɔ́ːrtər]　　　　　(4学期制の)学期

Note 日本の大学は2学期制のところが多いですが、海外の大学では4学期制のところもあります。

002 degree
[digríː]

名 学位、程度

■ The awarding of a **degree** is conditional upon the student having passed all required courses and having fulfilled additional requirements.

学位の授与は学生が課程を修了し、すべての必要条件を満たすことが条件となる。

- awarding [əwɔ́ːrdiŋ]　　　　**名** 授与 (award **動** 〜を与える **名** 賞)
- conditional upon　　　　　〜を条件として
- complete [kəmplíːt]　　　　**動** 〜を終わらせる (**類** finish)
  　　　　　　　　　　　　　　〜を記入する (**類** fill out)
- requirement [rikwáiərmənt] **名** 必要条件

大学生活・基本単語

003 **grades** [gréidz]
名 成績

■ To graduate, students are required to maintain good **grades** throughout.
学生は、卒業するためにはずっと良い成績を維持することが必須である。

- □ require A to do — Aに〜するのを要求する
- □ maintain [meintéin] — 動 〜を維持する
- □ throughout [θruːáut] — 副 はじめから終わりまで
  前 〜の間じゅう

関 □ **grade** [gréid] — 名 階級、等級、学年

Note: grade「学年」は小学校1年から高校の最後の学年までで、大学の学年はyear。
アメリカの成績は、
A: Excellent 秀 B: Good 優 C: Fair 良 D: Minimum Passing 可 F: Failure 不可。

004 **credit** [krédit]
名 単位、クレジット、預金（残高）、信用

■ Students must complete between 24 and 28 **credits** in order to graduate.
学生は、卒業するためには24から28単位を取得しなければならない。

- □ in order to do — 〜するために

関 □ **credible** [krédəbl] — 形 信用できる
□ **incredible** [inkrédəbl] — 形 信じられない（ほどすばらしい）

| 005 | **major** [méidʒər] | 動 専攻する (major in 〜を専攻する)
名 専攻 |

Mary Clinton studied at Foxton University, where she **majored in** French.

メアリー・クリントンはフォックストン大学で学び、フランス語を専攻した。

| 006 | **elective** [iléktiv] | 形 選択の |

Akemi Doi took two **elective courses** last semester and enjoyed them very much.

アケミ・ドイは、今学期に2つの選択課程を取ったが、どちらも十分に楽しんだ。

| □ required [rikwáiərd] | 形 必須の (類 mandatory, compulsory, obligatory) |

| 関 □ elect [ilékt] | 動 (投票などで)〜を選ぶ |
| □ election [ilékʃən] | 名 選挙 |

Note selectとスペルが似ているので覚えやすい。

大学生活・基本単語

007 academic
[ækədémik]

形 大学の、学校の、教養科目の

In Japan, the **academic year** begins in April but in the U.K., it starts in September.
日本では学年度は4月から始まるが、イギリスでは9月に始まる。

- □ academic year　　　学年度
- □ fiscal year　　　　会計年度

008 faculty
[fǽkəlti]

名 大学の教職員、学部、能力

Faculty members must remember that all personal information relating to students is strictly confidential.
大学教員は、学生に関する個人情報は全て極秘であることを、忘れてはならない。

- □ relate to　　　　　　　　　　〜に関係する
- □ strictly [stríktli]　　　　　　副 厳しく
- □ strict [stríkt]　　　　　　　 形 厳しい
- □ confidential [kànfədénʃəl]　形 機密の (類 secret)

009 curriculum
[kəríkjuləm]

名 履修課程、カリキュラム

The **curriculum** of Mont University has been designed by a distinguished specialist.

モント大学のカリキュラムは、優れた専門家によって作られた。

- □ distinguished [distíŋgwiʃt] 形 優れた
- □ distinguish [distíŋgwiʃt] 動 ~を区別する
- □ specialist [spéʃəlist] 名 専門家

010 enroll
[inróul]

動 登録する

For information on how to **enroll in** any of the summer workshops, consult the noticeboard.

夏のワークショップの登録方法については、いずれも掲示板を参照してください。

- □ information on — ~についての情報
- □ workshop [wə́:rkʃɑ̀p] 名 ワークショップ、研修会
- □ consult [kənsʌ́lt] 動 ~を参照する、~に相談する
- □ noticeboard [nóutisbɔ̀:rd] 名 掲示板
- □ enroll in — ~に登録する、入学する

Note en=in「中に」roll「巻物」→「巻物の中に名前を入れる」というのが語源。

大学生活 ● 基本単語

011 tutor
[tjúːtər]

名 チューター、個人レッスンをしてくれる先生

■ Writing center **tutors** help students in many ways, from preparing an outline to understanding how to cite references.
ライティング・センターのチューターは、大筋の作成から文献の引用方法までさまざまな点で学生をサポートする。

- □ writing center　　　　ライティングセンター
    - ⚠ 学生にレポートの書き方などを教えてくれるところ
- □ from A to B　　　　AからBまで
- □ outline [áutlàin]　　　　名 概要　動 ～の概要を述べる
- □ cite [sáit]　　　　動 ～を引用する
- □ reference [réfərəns]　　　　名 文献、推薦状

012 assignment
[əsáinmənt]

名 宿題、課題、与えられた仕事

■ Please ensure that all homework **assignments** are submitted prior to the deadline.
宿題はすべて、必ず期限より前に提出してください。

- □ ensure [inʃúər]　　　　動 ～を確実にする
- □ submit [səbmít]　　　　動 ～を提出する
- □ prior to　　　　前 ～の前に（類 before）

- 関 □ assign [əsáin]　　　　動 ～を割り当てる
    - □ assign A B / B to A　　　　A（人）にBを割り当てる

Note　homework は不可算名詞だが (homework) assignment は可算名詞。

013 tuition
[tjuːíʃən]

名 授業料

■ **Tuition** must be paid in full prior to the commencement of each semester.

授業料は、各学期が始まる前に全額支払わなければならない。

- □ pay in full — ～を全額支払う
- □ commencement [kəménsmənt] — **名** 開始、学位授与式
- □ commence [kəméns] — **動** 始まる、～を始める（**類** start, begin）

014 scholarship
[skɑ́lərʃìp]

名 奨学金

■ Various **scholarships** are available to students who demonstrate an aptitude in music.

音楽の才能のある学生は、さまざまな奨学金を利用できる。

- □ various [véəriəs] — **形** 様々な
- □ available to A — A(人)に利用できる
- □ demonstrate [démənstrèit] — **動** ～を示す（**類** show）
- □ aptitude [ǽptətjùːd] — **名** 才能、適性（**類** talent, gift）

大学生活・基本単語

015 **undergraduate**
[ʌ̀ndərgrǽdʒuət]
名 大学の学部生

Luke Tomlinson first became interested in environmentalism while he was an **undergraduate** student at Theodore University.
ルーク・トムリンソンは、セオドア大学の学部生時代に、最初は環境保護主義に興味を持った。

- □ be interested in 〜に興味がある
- □ environmentalism 名 環境保全主義
  [invàiərənméntəlìzm] (→environment 名 環境)

関 □ **graduate** [grǽdʒuət] 名 大学院生
※発音注意

---

016 **internship**
[íntəːrnʃip]
名 インターン研修

It is recommended that all students complete a two-week **internship** in order to gain valuable work experience.
すべての学生は、有益な実務経験を得るために2週間のインターン研修を完了することが望ましい。

- □ valuable [vǽljuəbl] 形 価値のある、有益な
- □ experience [ikspíəriəns] 名 経験 動 〜を経験する

関 □ **intern** [íntəːrn] 名 インターン研修生

Note インターンシップとは、アルバイトや社員ではなく、会社で仕事を経験すること。多くの場合は無給。インターンシップの場面はTEAP頻出。

017 fraternity
[frətə́:rnəti]

名 フラタニティ、(男子学生の)友愛会

■ Members of the **fraternity** participated in a fundraising event to raise money for the local hospital.

友愛会のメンバーは、地元の病院の資金調達のための募金イベントに参加した。

- □ participate in — 〜に参加する
- □ fundraising [fʌ́ndrèiziŋ] — **形** (チャリティーなどの)資金集めの
  - ① fundraising event は通例チャリティーの募金イベントのこと
- □ raise [réiz] — **動** (金)を集める

関 □ **sorority** [sərɔ́:rəti] — **名** ソロリティ、(女子学生の)社交クラブ

Note アメリカのドラマや映画によく登場するが日本にはない風習なのでネットなどできちんとどういう集まりなのかをチェックしておきたい。

018 criterion
[kraitíəriən]

名 判断基準 ※複数形 criteria

■ One **criterion** for achieving a pass grade will be to submit homework on time.

及第点を取る条件の1つは、期限通りに宿題を提出することだ。

- □ achieve [ətʃí:v] — **動** 〜を達成する
- □ pass grade — 合格点、及第点
- □ on time — 時間通りに、期限通りに

大学生活 • 基本単語

019 outline
[áutlàin]

動 概要を説明する
名 概要（類 summary）

■ The lecturer **outlined** the course requirements during the first class session.
講師は、最初の授業でコースの要件を大まかに説明した。

□ course requirement　　コースの要件
　① 単位をもらうために必要な条件
□ course prerequisite　　コースを受講するための必要条件
　①「Spanish 201を受講するためにはSpanish 101をすでに履修していること、もしくはそれと同等のスペイン語力を証明する資格を持っていること」といった規定のこと
□ session [séʃən]　　名 授業（時間）

020 quiz
[kwíz]

名 小テスト

■ Ms. Jackson sometimes gives students a **pop quiz** during her class.
ジャクソンさんは、授業でときどき、学生に抜き打ち小テストをします。

関 □ **pop quiz**　　抜き打ち小テスト

021 **midterm**
[mídtə:rm]

名 中間テスト (= midterm exam/test)

■ The **midterm** will cover units 1 through 6 from the textbook and students should review thoroughly beforehand.
中間テストにはテキストのユニット1から6が出るので、学生は事前に徹底的に復習すべきだ。

□ cover [kávər]	動 〜をカバーする、対象とする、報道する、補う、保証対象とする
□ review [rivjú:]	動 復習する
□ thoroughly [θə́:rouli]	副 徹底的に
□ beforehand [bifɔ́:rhænd]	副 あらかじめ (類 in advance)

関 □ **final** [fáinl] 　名 期末テスト

022 **socialize**
[sóuʃəlàiz]

動 仲良くする

■ For ethical reasons, academic staff are discouraged from **socializing with** students outside of class.
倫理的な理由により、大学の職員は、学生と授業以外のつきあいはしないこと。

□ academic staff	大学職員
□ ethical [éθikəl]	形 倫理的な ethics 名 倫理
□ discourage 人 from doing	人が〜しないようにする

関 □ **social** [sóuʃəl] 　形 社交の、社会の
　□ **society** [səsáiəti] 　名 社会

Note I like socializing. と言うのがよく使われるが、「社会化する」と勘違いする人が多い「社交的にいろんな人と一緒に時間を過ごす(遊ぶ)のが好き」という意味なので注意。

023 **housing** [háuziŋ]
名 住居（類 accommodations）

Housing is available at a reduced rate for undergraduates who are not local to the area.
地域住民でない大学生は、住居が割引料金になる。

- reduced rate 　　割引料金
- local [lóukəl]　　形 地元の、地域の

関 **house** 名 [háus] / 動 [háuz]　名 家　動 ～を収容する
（類 accommodate）

Note: house は可算名詞だが、housing は不可算名詞。

024 **attendance** [əténdəns]
名 出席、出席者数

Class **attendance** is closely monitored throughout the academic year by academic staff.
クラスの出席は、学年を通して大学職員が厳重に管理する。

- closely [klóusli]　　副 厳重に、密接に
- monitor [mánətər]　　動 ～を監視する

関 **take/check attendance**　　出席を取る
- attendee [ətèndí:]　　名 出席者
- attend [əténd]　　動 ～に出席する

025 exchange student
名 交換留学生

■ The **exchange students** from France will arrive at 2:00 P.M. on Saturday, March 5 and stay for two weeks.
フランスからの交換留学生は3月5日の土曜日の午後2時に到着し、2週間滞在する予定だ。

- exchange [ikstʃéindʒ]　**動** ～を交換する

026 study abroad
名 海外留学　**動** 海外留学する

■ Over one hundred students expressed an interest in participating in the college's new **study abroad** program next year.
100人あまりの学生が、来年、大学の新しい海外留学プログラムに参加することに関心を示した。

- express [iksprés]　**動** ～を示す、表現する
- participate in　～に参加する

関 □ **study abroad in** 国　～に留学する

027 sophomore
[sάfəmɔ̀:r]

名 2年生

■ During his **sophomore year**, Jim Baker took part in several extra-curricular activities.

ジム・ベーカーは、2年生の時にいくつかの課外活動に参加した。

□ take part in	〜に参加する
□ several [sévərəl]	形 いくつかの
	名 いくつかのもの、何人かの人
□ extracurricular	形 課外の
関 □ **freshman** [fréʃmən]	名 1年生
□ **junior** [dʒúːniər]	名 3年生
□ **senior** [síːnjər]	名 4年生

028 dormitory
[dɔ́:rmətɔ̀:ri]

名 寮 (dormと略すことが多い)

■ Undergraduates may either reside in a college **dormitory** or live in off-campus housing.

学部生は、大学の寮かまたはキャンパスの外の住居に住むことができる。
① このmayは「〜してもよい」という意味のmay

| □ off-campus | 名 キャンパスの外の |

Note アメリカの大学では1, 2年は寮で生活し、3年生からキャンパスの外のアパートなどで生活することがよくある。

029 **skip** [skíp]

動 (意図的に授業)を休む

Students who **skip classes** will be required to attend a meeting to explain their absence.

授業に出ない学生は、欠席を説明するための会合に出席すること。

| □ absence [ǽbsəns] | 名 欠席 |
| 関 □ miss a class | 授業を欠席する |

030 **handout** [hǽndàut]

名 配布資料、プリント

Several students complained that the **handouts** given by Dr. Rogers were both difficult to read and confusing.

何人かの学生は、ロジャーズ博士が配るプリントは読みづらく、またわかりにくいと不満を述べた。

| □ complain [kəmpléin] | 動 不満を言う |
| 関 □ hand out | ~を配る (類 distribute) |

大学生活 ● 基本単語

031 due
[djúː]

形 期限の、到着予定で

All assignments must be handed in by the **due date**, and there are no exceptions to the rule.
全ての課題は期日までに提出すべきで、この規則に例外はない。

| □ exception [iksépʃən] | **名** 例外 |
| □ except [iksépt] | **前** 〜以外の |

| **関** □ **be due to do** | 〜する予定である |
| □ **due to** | 〜が原因で（**類** because of） |

032 course professor

名 授業担当教授

In the event that you wish to inquire about a given grade, you must first speak to the **course professor**.
与えられている単位について尋ねたい場合は、まず授業担当教授と話すこと。

□ in the event that SV	SがVする際には
□ in the event of A	Aの際には
□ inquire about	〜について尋ねる

Note 大学の授業には1人の教授が教えるもの以外に、数人で教えたり、週替わりに違う講師が来たりする授業もある。メインの講師がcourse professorである。外部から教授はvisiting/guest professor「客員教授」と呼ばれる。

033 **intermediate**
[ìntərmíːdiət]

形 中級の

All applicants for the study abroad must have passed an **intermediate** foreign language course with a grade of "B" or higher.

海外留学プログラムの申込者は全員、中級の外国語コースを「B」以上の成績で合格していることが必須である。

- 関 □ **advanced** [ædvǽnst]　形 上級の
- □ **beginner's**　初級の

034 **placement test/exam**

名 クラス分けテスト

In order to assign you to the most appropriate class, a **placement test** will be carried out prior to the first lesson.

あなたを最適なクラスに割り当てるために、最初の授業の前にクラス分けテストを行ないます。

- □ **appropriate** [əpróupriət]　形 適切な
- □ **carry out**　〜を行う（類 conduct）

Note placement test とは、どのクラス（位置）に place「置く」かを決めるテスト。

大学生活 ● 基本単語

035 field work　名 実地調査

An e-mail has been sent to those who are carrying out **field work** next month.
来月実地調査を行なう人々にEメールが送信された。

Note フィールドワークは、研究室や大学内での研究と違い、実際に該当する場所に出て行う調査。たとえば、自分の所属していた言語学研究室では、『フィールドワーク』は研究している言語が使われている地域へ調査に行くことを表していた。

036 student ID　名 学生証

To qualify for a 20% discount at Paul's Pizzeria, a valid **student ID** card must be presented to the cashier.
ポールズ・ピッツァリアで20%の割引を受けるには、有効な学生証をレジ係に提示しなければならない。

□ qualify for	～の権利を持つ、資格を得る
□ discount [dískaunt]	名 割引
□ valid [vǽlid]	形 有効な (類 effective 反 invalid 形 無効な)
□ cashier [kæʃíər]	名 レジ係
関 □ ID = identification	名 証明証

037 presentation
[prèzəntéiʃən]

名 プレゼンテーション、口頭発表

■ Speakers are asked to keep their **presentations** simple, clear, and within the time limit.
講演者は、簡潔でわかりやすいプレゼンを制限時間内で行なうこと。

□ ask A to do	A(人)に〜するよう頼む
関 □ **make a presentation**	プレゼンテーションをする

038 financial aid

名 財政援助

■ **Financial aid** is available to those students whose household income is below the national average.
世帯収入が国の平均を下回る学生は、学資援助を受けられる。

□ household [háushòuld]	形 家族の、世帯の 名 世帯
□ income [ínkʌm]	名 収入
□ average [ǽvəridʒ]	名 平均
□ on average	平均して
関 □ **aid** [éid]	名 援助 動 〜を助ける

大学生活・基本単語

039 **thesis**
[θíːsis]

名 論文

When she struggled to come up with an idea for her **thesis**, Helen Adams approached her professor for advice.
ヘレン・アダムズは、論文のアイディアを考えるのに苦労して、教授に助言を求めた。

- □ struggle to do 　　　〜するのに苦労する
- □ come up with 　　　(考え)を思いつく

関 □ **dissertation** [dìsərtéiʃən] 名 博士論文

040 **source**
[sɔ́ːrs]

名 出典、情報源

Students are required to list the **sources** for any data used in their essays.
学生は、エッセイに用いるいかなるデータの出典も一覧に記載すること。

CD1 11

041 footnote
[fútnòut]

名 脚注

■ The new word processing software makes adding **footnotes** easier than before.
新しいワープロソフトウェアにより、脚注を加えるのが、以前より簡単になっている。

042 bibliography
[bìbliágrəfi]

名 参考文献一覧

■ Jason Wilson was asked to add a **bibliography** to his dissertation by his professor.
ジェイソン・ウィルソンは、論文に参考文献一覧をつけるよう教授に求められた。

　　□ add A to B　　　　AをBに加える

関 □ **reference** [réfərəns]　　参考文献

大学生活 • 基本単語

043 quotation
[kwoutéiʃən]

名 引用(句) (類 citation)

To back up his point, the lecturer wrote a **quotation** on the whiteboard from renowned scientist, Dr. Eleanor Frampton.
自らの論点を裏付けるため、講師は有名な科学者であるエリノア・フランプトン博士からの引用句を、ホワイトボードに書いた。

- □ renowned [rináund] 形 著名な
- 関 □ quote [kwóut] 動 ～を引用する (類 cite)

044 experiment
[ikspérəmənt]

名 実験

While **carrying out** scientific **experiments** in the laboratory, students are required to adhere to all safety rules.
学生が研究所で科学実験を行なう際は、すべての安全規則を厳守すること。

- □ carry out ～を行う
- □ laboratory [lǽbərətɔ̀:ri] 名 実験室
- □ adhere to (規則)に従う (類 follow)
- 関 □ experimental [ikspèrəméntl] 形 実験用の、試験的な

045 graduation
[grǽdʒuéiʃən]

名 卒業

The **graduation ceremony** will take place on May 5 at which time students will receive their degrees from the dean.

卒業式は5月5日に行われ、学生は学部長から学位を授与される。

□ take place　　　行われる (類 be held)

046 alumni
[əlʌ́mnai]

名 大学の卒業生

After graduation, students receive regular updates from the **alumni** association to keep them in touch with events on campus.

学生は卒業後に、学内のイベントを知らせる定期的な最新の情報を、同窓会から受け取る。

□ update [ʌ́pdèit]　　　**名** 最新情報、更新された情報

Note もともとはalumnus [əlʌ́mnəs](男性の卒業生)の複数形、女性はalumna [əlʌ́mnə]。aluminum [əlúːmənəm](アルミニウム)と混同しないよう注意。

大学生活 • 基本単語

047 admission
[ædmíʃən]

名 入場、入場料（= admission fee）

Admission to the lecture series on renewable energy will be offered initially to those studying relevant courses.
再生可能エネルギーに関する一連の講義への入場は、まず関連したコースの研究者に許可される。

- renewable [rinjúːəbl]　　形 再生可能な
- initially [iníʃəli]　　副 はじめ、もともとは

048 dean
[díːn]

名 学部長

The **dean** of Brampton College has written to all alumni to invite them to attend a reunion event.
ブランプトン大学の学部長は、すべての卒業生に、同窓会への出席を促す手紙を書いた。

- reunion [riːjúːnjən]　　名 同窓会

049 **tutorial**
[tjuːtɔ́ːriəl]

名 使い方を説明するプログラム
形 個別指導の

Alton University is proud of its new online **tutorial** program and plans to expand it further in the future.

アルトン大学は、新しいオンライン個別指導プログラムを誇りに思っており、将来それをさらに拡大する予定だ。

| □ expand [ɪkspǽnd] | 動 ～を拡大する |
| 関 □ **tutor** [tjúːtər] | 名 個別指導教師
動 ～を教える |

050 **deadline**
[dédlàin]

名 期限

The **deadline** to submit articles to the school magazine is the 23rd of each month.

学校の雑誌に記事を提出する期限は、毎月23日だ。

| □ article [áːrtikl] | 名 記事 |
| 関 □ **meet the deadline**
□ **miss the deadline** | 締め切りに間に合う
締め切りを逃す |

051 material
[mətíəriəl]

名 教材、素材　形 物質の

A full list of required **materials** will be sent to all students and they are responsible for purchasing them.
必要な教材の全リストは、すべての学生に送られるので、学生はそれらを購入すること。

- □ be responsible for　〜の責任がある
- □ purchase [pə́ːrtʃəs]　動 〜を購入する　名 購入（品）

052 summarize
[sʌ́məràiz]

動 〜を要約する

At the end of his lecture, the teacher briefly **summarized** the main points of his talk.
講義の終わりに、講師は話の要点を簡潔にまとめた。

- □ briefly [bríːfli]　副 簡潔に
- □ brief [bríːf]　形 簡潔な

関 □ **summary** [sʌ́məri]　名 要約

053 **sign-up sheet** 名登録用紙

To attend any on-campus recruiting event, add your name to the **sign-up sheet** posted on the notice board in the career center.

いずれの学内の求人イベントに出席する場合も、進路指導センターの掲示板に貼られている登録用紙に名前を記入してください。

recruiting [rikrú:tiŋ]	名募集
recruit [rikrú:t]	動〜を雇う
recruitment [rikrú:tmənt]	名新規採用
notice board	掲示板
career center	進路指導センター
関 waiting list	キャンセル待ちの名簿
sign up	登録する (類 register)

054 **job opening** 名求人、欠員

The science faculty at Brampton University has several **job openings** for research fellows.

ブランプトン大学の理学部には、研究員の求人がいくつかある。

opening [óupəniŋ]	名空き、開店、冒頭部分
research fellow	研究員
research	名研究 動〜を研究する

Note researchは動詞の場合、[risə́:rtʃ]と発音され、名詞の場合は[risə́:rtʃ]と[rí:sə:rtʃ]の2つの発音がある。

055 job fair 名 就職説明会

■ Over 150 local employers will be available to speak with undergraduates at the **job fair**.
150人あまりの地元の雇用者が、学部生と話すために就職説明会に参加する予定だ。

- □ employer [implɔ́iər]　　名 雇用者
- □ employee [èmplɔíː]　　名 被雇用者、従業員

Note -er は〜をする人、-ee は〜される人を表す。trainer はトレーニングをする人、trainee はトレーニングを受ける人、interviewer は面接をする人、interviewee は面接を受ける人。

056 transcript [trǽnskript] 名 成績証明書

■ When applying for a position at Wentworth Industries, Inc., be sure to include a certified copy of your academic **transcript**.
ウェントワース産業社の求人に応募の際は、大学の成績証明書の謄本を必ず同封のこと。

- □ be sure to do　　確実に〜する
- □ certified copy　　認証謄本
  ① 原本の内容を証明するために全文コピーされた書面のこと
- □ certified [sə́ːrtəfàid]　　形 証明された、資格を有する

057 **syllabus** [síləbəs]
名 講義概要、シラバス

The **syllabus** is available for download from the university website and contains information about course content.

シラバスは大学のウェブサイトからダウンロードが可能で、コース内容に関する情報が載っている。

- contain [kəntéin] — 動 〜を含む（類 include）
- content [kántent] — 名 内容

058 **school board**
名 教育委員会

The **school board** is due to meet next week to approve plans to reduce spending by 10 percent.

教育委員会は、出費の10パーセント削減計画を承認するために、来週会合を開く予定だ。

- be due to do — 〜する予定だ
- approve [əprúːv] — 動 〜を承認する
- spending [spéndiŋ] — 名 出費
- by — 〜差

大学生活 • 基本単語

059 student loan　名 学生ローン

The **student loan** office is open from 9:00 A.M. to 5:30 P.M., Monday through Friday.
学生ローンの事務所は、月曜日から金曜日の午前9時から午後5時30分まで業務を行なっている。

関 □ **loan** [lóun]　　名 ローン、融資
　　　　　　　　　　動 (利子を取って)〜を貸す

060 multiple choice　形 選択式の

The first part of the test consists of 25 **multiple choice questions**, and the second part is a 300-word written essay.
テストの前半は25問の選択問題から成り、後半は300語のエッセイである。

□ consist of　〜から成り立つ

関 □ **multiple** [mʌ́ltəpl]　形 多数の

Note　アメリカの大学ではマークシート方式の試験をscantron testと言うことが多い。Scantronは会社の名前。

061 late fee

名 延滞料金

Any student who misses the deadline for payment of course fees will be required to pay a $30 **late fee**.

授業料の支払い期限に遅れた生徒は誰でも、30ドルの延滞料金の支払いを要求される

Note 図書館の本を返すのが遅れたときに、延滞料金を払わなければならない大学も多い。

062 principal
[prínsəpəl]

名 校長　**形** 主要な (**類** main, chief)

The college **principal** announced that the new science laboratory would open ahead of schedule.

大学の学長は、新しい科学実験室が予定より早くオープンすると発表した。

□ ahead of schedule	予定より早く
□ on schedule	予定通りに
□ behind schedule	予定より遅く

Note principle「原理、方針」と同音。

063 conference
[kάnfərəns]

名 カンファレンス

■ An **academic conference** will be held at Relford University to discuss recent trends in teaching methodology.
教授法における最近の傾向を話し合うために、レルフォード大学で学会が開催される。

- □ trend [trénd] 　　　　　　　名 傾向、流行
- □ methodology [mèθədάlədʒi] 名 方法論 (method 名 方法)

関 □ **academic conference** 学会

Note　カンファレンスは大規模な公式の会議のこと。

064 grant
[grǽnt]

名 助成金　動 〜を与える

■ Without a sizeable **grant** from the Science Foundation, Kirsty Smith would not have been able to continue her research.
科学基金からの多額の助成金がなかったら、カースティ・スミスは研究を続けることができなかっただろう。

- □ sizeable [sáizəbl]　　　　形 かなり大きな (類 fairly large)
- □ size [sáiz]　　　　　　　　名 大きさ

065 **resource center**

名 資料センター

■ The new media **resource center** at Grangeford School has a vast array of newspapers and magazines for students to read.

グランジフォード校の新しいメディア資料センターは、学生が読むための膨大な数の新聞と雑誌をそろえている。

□ vast [vǽst]	形 巨大な（類 huge, enormous）
□ an array of	さまざまな〜
関 □ **resource** [ríːsɔːrs]	名 資料、資源

066 **community service**

名 地域奉仕活動

■ The university is proud of its record of **community service** and actively encourages students to take part in volunteer activities.

大学は、地域奉仕活動の実績を誇り、学生がボランティア活動に参加するのを積極的に奨励している。

| □ be proud of | 〜を誇りに思う |
| □ actively | 副 積極的に |

Note community service は、自分の属するコミュニティ（共同体・地域）のためにする奉仕活動のこと。

067 shuttle bus　名 シャトルバス

A **shuttle bus** will collect conference attendees from the train station and take them to the seminar hall.
シャトルバスは、駅で会議の出席者を乗せてセミナー・ホールへ運ぶ。

068 study group　名 学習グループ

Franco Belini and Pierre Delmont formed a **study group** so that they could better prepare for the end of term test.
フランコ・ベリーニとピエール・デルモンは、学期末テストの準備がうまくいくように、学習グループをつくった。

- □ so that SV　　　SがVするために
- □ prepare for　　　〜の準備をする

Note　study groupは、同じクラスを履修している人が集まってつくる勉強会のこと。

069 teaching assistant

名 教育助手　**略** TA

Any student who needs assistance with homework can ask for help from a **teaching assistant**.

宿題でサポートを必要とする学生は誰でも、教育助手に手助けを求められる。

> Note　学部のクラスでは大学院生がTAをやることが多い。

070 survey
[sə́ːrvei]

名 （アンケート）調査
（**類** questionnaire）

According to the results of a recent **survey**, most students rate their lessons as either excellent or good.

最近の調査の結果によると、大部分の学生は授業を「非常に良い」か「良い」と評価している。

| □ rate [réit] | **動** 〜を評価する |
| □ rating [réitiŋ] | **名** 評価、格付け |

大学生活 • 基本単語

071 shift
[ʃíft]

名 シフト（交替勤務時間）、変化
動 〜を移す、変える

■ To balance their academic studies with part-time work, many students work either weekend or evening **shifts**.
多くの学生は、学術研究とアルバイトのバランスをとるため、週末か夜のシフトで働く。

- □ balance A with B　　AとBのバランスをとる
- □ part-time work　　アルバイト
- □ work part-time　　アルバイトをする

Note part-time work は不可算名詞だが、part-time job は可算名詞。

072 responsibility
[rispànsəbíləti]

名 責任、職務（類 duty）

■ **Responsibilities** include cataloging survey responses, transcribing interviewees' responses, and shelving books.
職務には、調査の回答の目録を作り、インタビューを受ける人の回答を書き写して、本を棚に並べることなどがある。

- □ transcribe [trænskráib]　　動 〜を書き写す
- □ shelve [ʃélv]　　動 〜を棚に並べる (shelf 名 棚)

関 □ **responsible** [rispánsəbl]　　形 責任のある

073 résumé
[rézumèi]

名 履歴書

Please send a cover letter and **résumé** to the head of personnel by April 25.
4月25日までに人事部長に添え状と履歴書を送ってください。

□ cover letter	カバーレター（自分をアピールする手紙）
① 自分をアピールする手紙	
□ personnel [pə̀:rsənél]	**名** 人員、人事（**類** human resources）
関 □ **resume** [rizjú:m]	**動** ～を再び始める（**類** start again）

074 qualification
[kwɑ̀ləfikéiʃən]

名 必要条件

Suitable **qualifications for** the position include a bachelor's degree in a foreign language and prior experience in sales.
職に適した必要条件は、外国語の学士号と過去の営業経験を含む。

□ suitable [sú:təbl]	**形** ふさわしい
□ bachelor's degree	学士号
□ master's degree	修士号
□ doctor's degree	博士号
□ prior [práiər]	**形** 以前の
□ experience in	～の経験
関 □ **be qualified for**	～にふさわしい、～の資格がある

075 **interview**
[íntərvjùː]

名 面接、インタビュー

During his **interview**, Michael Dawson explained his reasons for applying to Brownton University's Faculty of Science.
面接で、マイケル・ドーソンは、ブラウントン大学の理学部に出願する理由を説明した。

- explain [ikspléin] 動 〜を説明する
- explanation [èksplənéiʃən] 名 説明

076 **applicant**
[ǽplikənt]

名 応募者、候補者（類 candidate）

There were over 50 **applicants for** the position, but only half of them were invited for an interview.
求人には50人あまりの応募者がいたが、面接に招かれたのはわずか半分だった。

- 関 **apply for** 職　　　(職)に応募する
- **apply to** 会社　　　(会社)に応募する
  - ! 大学などに申し込むときはforでもtoでも可
  - apply to/for Oxford University　オクスフォード大学に入学申請をする
- **application** [ǽpləkéiʃən] 名 申込、申込書（＝ application form）

第2章
図表セクションの単語

line graph 折れ線グラフ

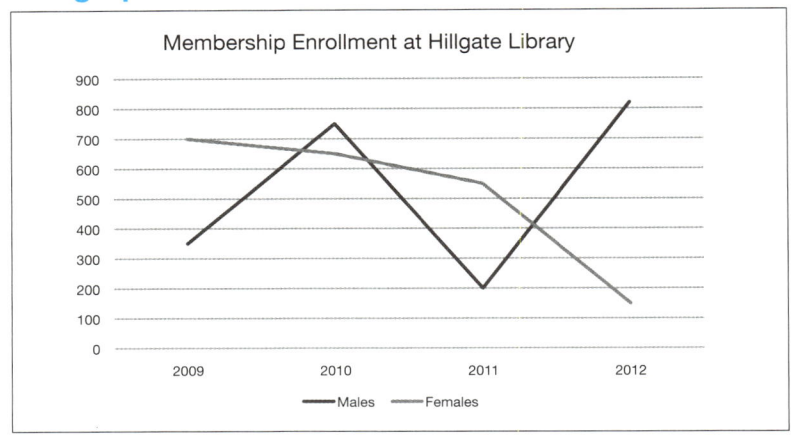

Membership Enrollment at Hillgate Library

(Line graph showing Males and Females enrollment from 2009 to 2012)

By recording new member enrollment at Hillgate Library, the following results can be described. The number of new male members has **fluctuated drastically** from 2009 to 2012. In 2009, around 350 new male members joined but the following year, it **increased sharply** to 750. In 2011, it **dropped significantly** to just 200 and then **rose** again to over 800. At the same time, the number of females joining the library **dropped gradually** from a high of 700 in 2009 to 550 in 2011 but then **plunged** in 2012 to just 150 new members.

ヒルゲート図書館の新規会員登録数を記録した結果は、以下のようになります。新規の男性会員数は、2009年から2012年まで**大幅に変動しました**。2009年には、およそ350人の新規の男性会員が加わりましたが、それが次の年には750人まで**急激に増加しました**。2011年には、**著しく減少して**わずか200人になり、それから再び800人あまりまで**増加しました**。一方、図書館に会員録する女性の数は、2009年の最高の700人から2011年の550人まで**徐々に減少しました**が、その後2012年には**著しく減少し**、新会員はたったの150人でした。

line graph 折れ線グラフ

- □ enrollment [inróulmənt] 　　　名 登録、登録者数
- □ describe [diskráib] 　　　動 ～を表す、描写する
- □ fluctuate [flʌ́ktʃuèit] 　　　動 変動する、上下する
- □ following [fálouiŋ] 　　　形 次の

〈増える、上がるという意味になる動詞〉

- □ increase [inkríːs] 　　　上がる
- □ rise [ráiz] 　　　上がる
- □ go up 　　　上がる
- □ grow [gróu] 　　　上がる
- □ climb [kláim] 　　　上がる
- □ soar [sɔ́ːr] 　　　急上昇する

〈減る、下がるという意味になる動詞〉

- □ fall [fɔ́ːl] 　　　下がる
- □ decrease [dikríːs] 　　　下がる
- □ drop [dráp] 　　　下がる
- □ plunge [plʌ́ndʒ] 　　　急降下する
- □ plummet [plʌ́mit] 　　　急降下する

〈「上がる、下がる」とよく使う副詞〉

- □ drastically [drǽstikəli] 　　　大幅に、急激に
- □ sharply [ʃáːrpli] 　　　急激に（類 rapidly）
- □ significantly [signífikəntli] 　　　著しく（類 substantially, considerably）
- □ steadily [stédili] 　　　一貫して（類 consistently）
- □ gradually [grǽdʒuəli] 　　　徐々に
- □ moderately [mádərətli] 　　　緩やかに
- □ slightly [sláitli] 　　　わずかに
- □ marginally [máːrdʒinəli] 　　　わずかに

Daily Sleep Durations of Davie Students

— 8-10 hours   — 6-7 hours   --- Less than 6 hours

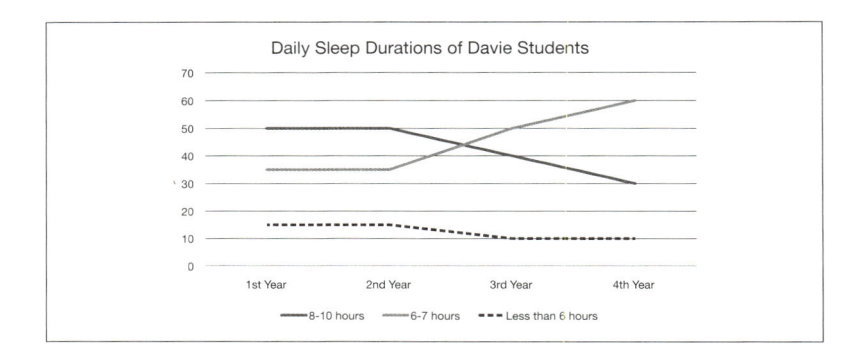

A recent survey of daily sleep durations of students in Davie High School has **revealed** the following. First, that in the 1st year and 2nd year, the figures **remain consistent** with 50% of students getting between 8 and 10 hours of sleep each night, 35% of students getting between 6 and 7 hours of sleep a night, and 15% of students getting less than 6 hours of sleep per night. In the third year the patterns change and the number of students getting 8 to 10 hours of sleep begins to **gradually fall** to 40% while the number of students getting 6 to 7 hours **shows an increase** to 50%. These **falls and rises** continue in the fourth year while the number of students getting less than 6 hours generally **remains stable** at around 10% over the four years.

デイビー高校の生徒の毎日の睡眠時間に関する最近の調査により、以下のことが**明らかになりました**。まず、1年生と2年生の間は数値が**一定のままで**、生徒の50%が毎晩8時間から10時間の睡眠を取り、35%が1晩に7時間から6時間の睡眠を取り、15%が1晩に6時間より少ない睡眠を取っています。3年生になるとパターンが変化し、8時間から10時間の睡眠を取る学生の数は**徐々に減少し**始めて40%になり、一方7時間から6時間の睡眠を取る生徒の数は50%まで**増加します**。この**減少と増加**は4年生になっても続きますが、一方6時間より少ない睡眠を取る生徒の数は、4年間を通して大体**安定して**10%程度です。

line graph 折れ線グラフ

- [ ] duration [djuréiʃən]   名 長さ
- [ ] reveal [riví:l]   動 〜を明らかにする

〈変化がないことを表す表現〉

- [ ] remain/stay consistent   一貫している
- [ ] remain/stay stable   安定している

- [ ] plateau [plætóu]   動 停滞する (類 reach a plateau)
  ① 上がってから 横ばいになること

〈最高値、最低値に達する〉

- [ ] hit a peak/high   最高値に達する
- [ ] hit a low   最低値に達する

〈上がり下がりを表す動詞＋形容詞＋名詞〉

動詞		形容詞	名詞
show experience	a	dramatic drastic sharp steep rapid significant substantial considerable steady/constant gradual moderate slight	increase/rise fall/decrease/drop

Note growth「増加」も名詞の位置に置くことができるが不可算名詞なので、冠詞のaをつけない。

pie chart 円グラフ

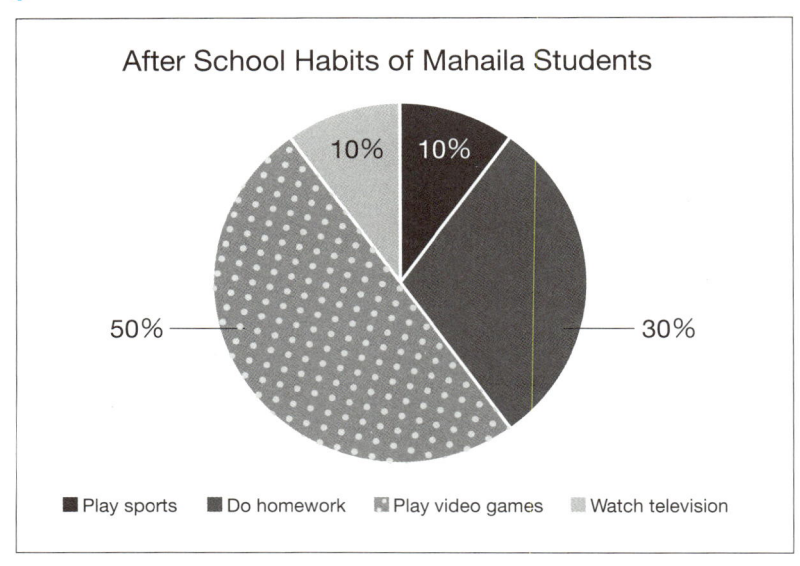

After School Habits of Mahaila Students

- 10% — Play sports
- 30% — Do homework
- 50% — Play video games
- 10% — Watch television

A survey of the after school habits of students living in Mahaila has revealed the following. First, the **proportion** of students who spend their time playing video games is around 50%. **This is followed by** the second most usual activity of doing homework which **accounts for** around **a third** of responses. On the other hand, both playing sports and watching television were the least usual habits with each chosen by around 10% of respondents.

マヘイラに住む学生の放課後の習慣に関する調査により、以下のことが明らかにしなりました。まず、テレビゲームをして過ごす学生の**割合**は、およそ50%です。**次いで**、2番目に多かったのが宿題で、回答の3分の1強を**占めています**。一方、スポーツとテレビ鑑賞はどちらも最も少ない習慣で、選んだ回答者はいずれもおよそ10%でした。

pie chart 円グラフ

- □ proportion [prəpɔ́ːrʃən]　　名(全体に占める)割合
- □ ration [ræʃən]　　名比率
  - ① the ration (/proportion) of adults to children　子どもと大人の比率
- □ respondent [rispándənt]　　名回答者
- □ response [rispándənt]　　名回答
- □ a/one third　　3分の1
- □ a/one quarter　　4分の1

〈「〜%を占める」という表現〉

- □ is/are A%　　(一番簡単な表現)
- □ ...is/are at A%
- □ The proportion of... is A%　　〜の割合はA%

- □ constitute [kánstətjùːt]　　〜を構成する(フォーマルな表現)
- □ make up　　〜を構成する
- □ amount to　　〜に達する
- □ account for　　〜を占める
- □ represent [rèprizént]　　〜に相当する
- □ stand at　　〜にある

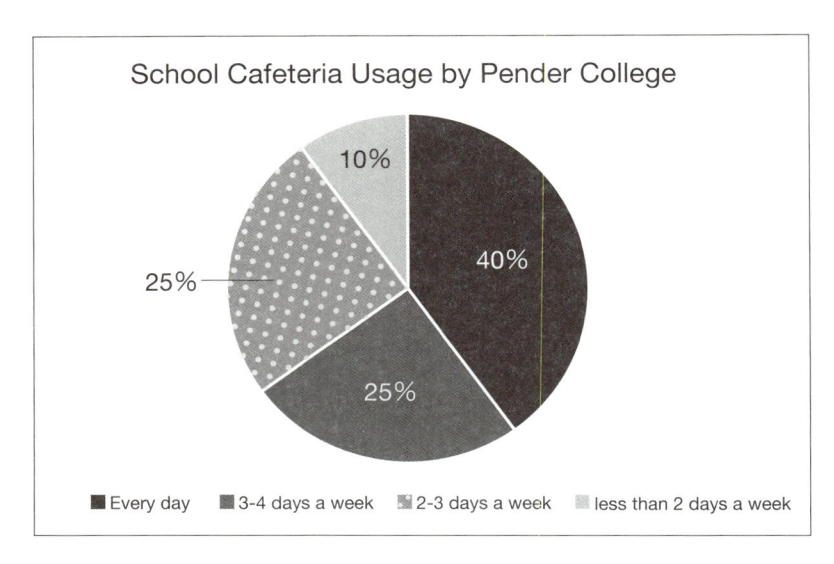

School Cafeteria Usage by Pender College

- 40% — Every day
- 25% — 3-4 days a week
- 25% — 2-3 days a week
- 10% — less than 2 days a week

In a study of school cafeteria usage by students in Pender College, the following results were observed. In the survey, around 40% of respondents stated that they used the cafeteria every day. The number of people using the cafeteria 3 or 4 days a week was **less** at around 25%. Similarly, the number of respondents using the cafeteria 2 or 3 days a week was **the same** at 25%. Finally, a **much lower proportion** of respondents used the cafeteria less than 2 days a week with a **figure** of **approximately** 10% recorded.

ペンダー大学の学生による学生食堂の利用の調査で、以下の結果が見られました。調査では、回答者のおよそ40%が学生食堂を毎日利用すると述べました。学生食堂を週に3、4日利用する人々の数は**もっと少なく**、およそ25%でした。同様に、学生食堂を週に2、3日利用する回答者の数も**同じで**25%でした。最後に、学生食堂を利用するのが週に2日より少ないと回答した**割合は遥かに低く**、**およそ**10%と示されています。

pie chart 円グラフ

□ observe [əbzə́ːrv]　　　　　　　　動 ～を観察する・(ルール)を守る
□ figure [fígjər]　　　　　　　　　　名 数字 (類 number)

〈「およそ」を表す副詞〉

□ around [əráund]　　　　　　　　およそ
□ about [əbáut]　　　　　　　　　およそ
□ approximately [əpráksəmətli]　　およそ

□ almost [ɔ́ːlmoust]　　　　　　　　ほぼ
□ nearly [níərli]　　　　　　　　　　ほぼ
　⚠ この2つはその数に達していないことを表す

almost/nearly 30%
　30%に近いがそこまで達していないということ

□ some [sʌ́m]　　　　　　　　　　(数字の前で)およそ
some 20%
　20%くらい

〈比較級を強調する表現〉

① much, far, a lot　　　　　　　　ずっと

The number was much larger than expected.
数字は期待されていたものよりずっと大きかった。

② significantly, substantially, considerably

　　　　　　　　　　　　　　　　　かなり

bar graph 棒グラフ

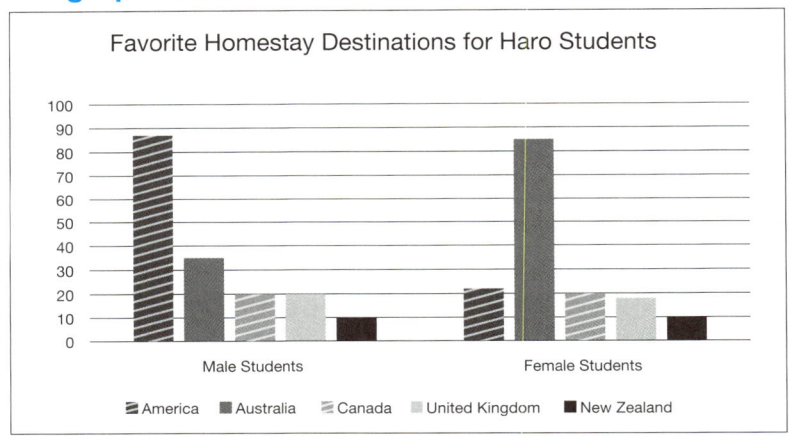

Favorite Homestay Destinations for Haro Students

(Bar graph showing data for Male Students and Female Students across America, Australia, Canada, United Kingdom, and New Zealand)

This chart shows the favorite homestay destinations for students in Haro. America was the most popular destination for males with nearly 90 selecting it. **However**, the number of females choosing America **drops significantly** to around 20. **In contrast**, Australia is the preferred destination for females with over 80 selecting it, **whereas** the figure is much lower among males at just 35. The figures for Canada, United Kingdom, and New Zealand all show similar figures of 20, 20, and 10, **respectively**.

このチャートは、アーロの学生に人気のホームステイの行き先を示しています。アメリカは、男子学生に最も人気で、90人近くが選んでいます。**しかし**、アメリカを選んでいる女子学生の数は**かなり少なくなり**、およそ20人です。これとは**対照的に**、オーストラリアは女子に人気で80人あまりが選んでいます**が**、それに比べて男子の数値はとても低く、わずか35人です。カナダ、イギリス、そしてニュージーランドは**それぞれ**20人、20人、10人程度の数字を示しています。

| bar graph 棒グラフ

□ destination [dèstənéiʃən]　　　**名** 目的地
　⚠ destiny「運命」と混同してしまう人が非常に多いので注意
□ respectively [rispéktivli]　　　**副** それぞれ
□ respective [rispéktiv]　　　　　**形** 各自の

〈対比・逆説の表現〉

副詞

□ however [hauévər]　　　しかし
□ in/by contrast　　　　　対照的に
□ conversely [kənvə́ːrsli]　一方で
□ on the other hand　　　一方で

接続詞

対比

□ while [hwáil]　　　～だが
□ whereas [hwèəræz]

逆説

□ although/though　　　～だが

等位接続詞

□ but [bət, bʌ́t]　　　しかし
□ yet [jét]

> although/thoughは従属接続詞なので、かたまりを前に置くことも後ろに置くこともできるがbut/yetは接続詞なので、前後に同じ形をならべる形式しかない。

<Although she is rich>, she is not happy.
She is not happy <although she is rich>.

She is rich, but/yet she is not happy.
彼女はお金持ちだが幸せではない。

radar chart レーダーチャート

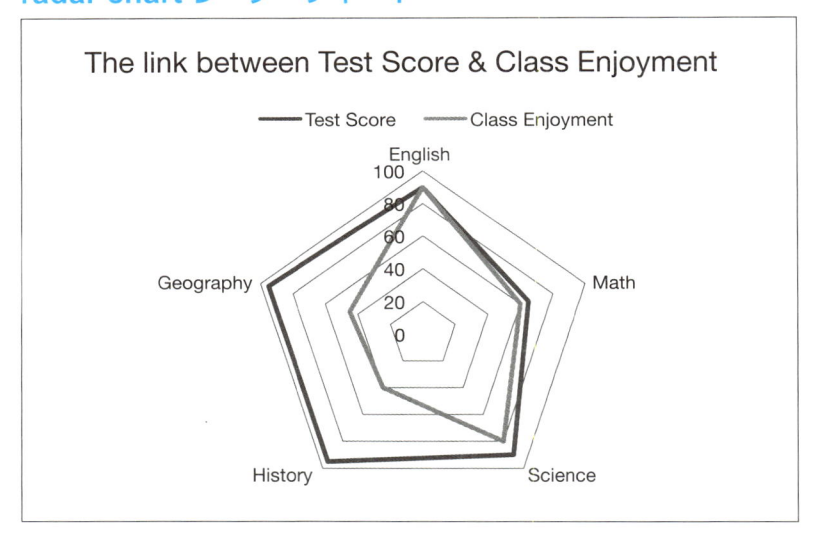

The link between Test Score & Class Enjoyment

— Test Score　——— Class Enjoyment

(Axes: English, Math, Science, History, Geography; scale 0–100)

To see if there was a correlation between test scores and class enjoyment, a survey was conducted. It showed that in English, Math, and Science, there was a close link. **For example**, in English the figures for both test score and class enjoyment were around 90%. **Conversely**, the **data** for both Geography and History **illustrated** no such connection. **For instance**, test scores in History were 95% but the level of class enjoyment was much lower at just 40%.

テストの得点と授業の楽しさに相互関係があるかどうか調べるために、調査が行なわれました。それによると、英語、数学と科学では、密接な関連が見られました。**例えば**、英語では、テストの得点と授業の楽しさの数値は、どちらもおよそ 90% でした。**反対に**、地理と歴史のデータは、そのような関連を**示し**ませんでした。**例えば**、歴史のテストの得点は 95% でしたが、授業の楽しさはわずか 40% とはるかに低い数値でした。

radar chart レーダーチャート

- [ ] correlation [kɔ̀ːrəléiʃən] 　　　**名** 相互関係
- [ ] connection [kənékʃən] 　　　**名** 関連（**類** link）

〈「〜を示す」を表す表現〉

- [ ] show [ʃóu] 　　　〜を示す
- [ ] indicate [índikèit] 　　　〜を示す
- [ ] illustrate [íləstrèit] 　　　〜を説明する
- [ ] explain [ikspléin] 　　　〜を説明する
- [ ] describe [diskráib] 　　　〜を描写する
- [ ] represent [rèprizént] 　　　〜を表す
  - ① 「グラフは〜を表している」といった場面で使える

〈例を出すときに使える表現〉

副詞句

- [ ] for example 　　　例えば
- [ ] for instance 　　　例えば
  - ① エッセイなどでは
    Take A as an example「Aを例にとってみよう」も使える。

前置詞

- [ ] such as 　　　〜のような
- [ ] like 　　　〜のような

　vegetables such as/like tomatoes and cucumbers
　トマトやキュウリといった野菜

Process「プロセス・過程」

The Water Cycle

Clouds get larger and heavier and the water falls to earth as rain.
↓
Water in the rivers, lakes, and oceans.
↓
Evaporation occurs as sunlight hits the water
↓
Water vapor in the atmosphere causes clouds to form

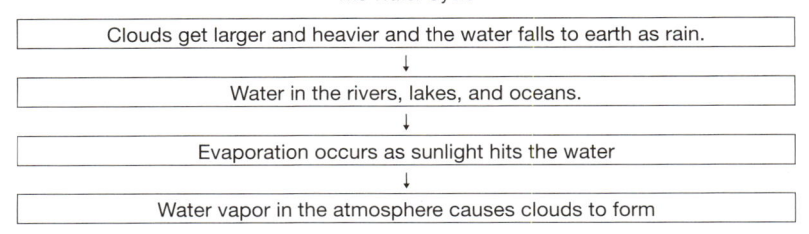

The chart describes the water cycle. **First**, the rivers, lakes, and oceans on Earth contain water. As the sunlight hits the water, the water **subsequently** rises through the air via a process of evaporation. As this happens, the water changes into water vapor and clouds begin to form. As the clouds get heavier, the water **then** falls and becomes rain which then enters the rivers, lakes, and oceans, and **consequently**, the process starts again.

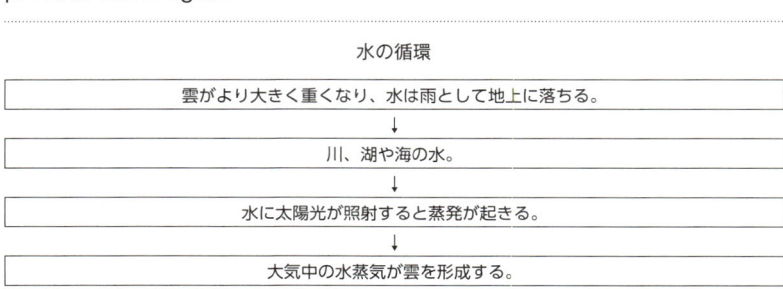

水の循環

雲がより大きく重くなり、水は雨として地上に落ちる。
↓
川、湖や海の水。
↓
水に太陽光が照射すると蒸発が起きる。
↓
大気中の水蒸気が雲を形成する。

チャートは水の循環を説明しています。**まず**、地球上の川、湖や海には水があります。太陽光が水に照射すると、**続いて**水は蒸発の過程を経て空気中を上昇します。この時、水は水蒸気に変わり、雲が形成され始めます。雲が重さを増すと、**次に**水が落下して雨となり、それから川、湖や海に入って、**その結果**、一連のプロセスが再び始まります。

Process「プロセス・過程」

- □ contain [kəntéin] 　　　　　動 〜を含む
- □ via [váiə, ví:ə] 　　　　　　前 〜を通って（類 through）
- □ evaporation [ivæpəréiʃən] 　名 蒸発
- □ evaporate [ivǽpərèit] 　　　動 蒸発する
- □ vapor [véipər] 　　　　　　名 蒸気
- □ consequently [kánsəkwèntli] 副 その結果

〈順序を表す表現〉

first (of all)	まず
then [ðén] after that afterward(s) [ǽftərwərd(z)] subsequently [sʌ́bsikwəntli]	それから その後
next [nékst]	次に
finally [fáinəli] lastly [lǽstli] ultimately [ʌ́ltəmətli]	最後に

もちろんsecond, thirdといった形で使うこともできる。firstly, secondly, thirdlyも可能だがアメリカよりもイギリスで使われる表現。

---

at first は「はじめはこうだったけれど(のちに変わった)」という意味

At first I didn't like him, but I love him now.
最初は彼のこと好きではなかったが、今では愛している。

for the first time は「はじめて」という意味

I went to London for the first time in my life.
ロンドンに行ったのは人生で初めてだった。

first, first of all, firstly とはまったく意味が違うので注意。

第3章

スピーキングに使う表現

スピーキングテストについて

Part 1

Part 1は自分のことについて答えるものです。1問目は現在形の質問で、普段していることなどについて答えます。2問目は過去の経験、3問目はこれからのこと（未来のこと）について答えます。2問目と3問目は時制に注意して話さなければなりません。

Part 2

Part 2は試験官に質問をする形式です。カードに書かれているものを疑問文にして、主語をyouにするだけなのでとても簡単です。きちんと疑問文に変換する練習をしておきましょう。また、カードに書かれていない質問もどんどんしましょう。TEAPのスピーキングでは、コミュニケーションをとろうとする姿勢を見せることが大切です。

Part 3

Part 3 はスピーチです。普段から様々なトピックに触れておき、アイディアを蓄えておきましょう。また、賛成か反対かを明確に述べ、その理由を述べるというスピーチの型をきちんと作っておきましょう。また、接続副詞を有効に使い、論理的に話すことを心がけましょう。本番では本書に出てくる解答例よりも長くしゃべるようにしてください。1分間で結論まで言い切る必要は全くありません。

Part 4

Part 4 は様々なトピックに関する質問です。こちらも Part 3 と同様に様々なトピックに触れておくことが大切です。大学入試の英作文の社会的なトピックや IELTS のスピーキングやライティングのトピックなどに、事前に目を通しておくことをお勧めします。また、高得点を狙うのであればインターネットで debate topics を検索して幅広い知識を身につけておきましょう。また、この Part でも積極的にコミュニケーションをとろうとする姿勢を示しましょう。アイディアが浮かばないならば沈黙するのではなく、そのことを素直に伝えましょう。

Part 1

Q1. Ⓐ Who do you respect?
　　Ⓑ I respect my English teacher.
　　Ⓐ Can you tell me more about that?
　　Ⓑ I respect him/her because he/she is very clever and popular.

Q1. Ⓐ あなたは、誰を尊敬していますか？
　　Ⓑ 私は、英語の先生を尊敬しています。
　　Ⓐ もっと詳しく話していただけますか？
　　Ⓑ 先生はとても賢くて皆に好かれているので、尊敬しているのです。

□ respect [rispékt]　　　　　　　　　動 ～を尊敬する　名 尊敬、点
□ clever [klévər]　　　　　　　　　　形 賢い

Note　1問目は現在形の質問がなされます。

Q2. Ⓐ Were you in any club in junior high school?
　　Ⓑ Yes, I was a member of the music club.
　　Ⓐ How many members were there?
　　Ⓑ There were about 50 members in the club.

Q2. Ⓐ 中学校ではクラブに所属していましたか？
　　Ⓑ はい、音楽クラブの部員でした。
　　Ⓐ 部員は何人いましたか？
　　Ⓑ およそ50人の部員がいました。

Note　2問目は過去形の質問がなされます。

Q3. Ⓐ Where would you like to live in the future?
　　Ⓑ I would like to live in Nagoya.
　　Ⓐ Why would you like to live there?
　　Ⓑ Because it is a very convenient city. I can go to many shops I like.

Q3. Ⓐ 将来はどこに住みたいですか？
　　Ⓑ 名古屋に住みたいです。
　　Ⓐ なぜ、そこに住みたいのですか？
　　Ⓑ とても便利な街だからです。たくさんの好きな店に行くことができます。

☐ would like to do　　　　　　〜をしたい (want to do の丁寧形)
☐ convenient [kənvíːnjənt]　　形 便利な

Note　3問目は未来のことに関する質問がなされます。

Part 2

YOU ARE TO INTERVIEW A MUSEUM TOUR GUIDE

Begin your interview with this sentence: "Hello, may I ask you some questions?"

Ask questions about:
- The days of the week he/she works.
- The kind of people he/she meets.
- Good points about the job.
- Advice for visitors.

Q. Which days of the week do you work?
> I work from Monday to Friday.

Q. What kind of people do you meet?
> I meet a lot of tourists both from this country and from overseas.

Q. What are the good points about the job?
> I meet different people every day.

Q. Do you have any advice for visitors?
> They should visit the exhibition on dinosaurs on the second-floor.

Teap Speaking Test 1

あなたはこれから博物館のツアーガイドにインタビューをします。

> 「こんにちは、いくつか質問をしてもよろしいですか？」という文で、インタビューを始めてください。
> 以下について尋ねてください。
> ・働いている曜日。
> ・どんな人々と会うか。
> ・仕事についての良い点。
> ・訪問者への助言。

Q. 何曜日に働いていますか？
> 月曜日から金曜日まで働いています。

Q. どんな人たちと会いますか？
> 国内と海外の両方からの、たくさんの観光客に会います。

Q. 仕事についての良い点は、何ですか？
> 毎日、いろいろな人に会うことです。

Q. 訪問者に何かアドバイスはありますか？
> 2階の恐竜展を是非ご覧になっていただきたいです。

□ tourist [túərist]　　　　　　　　　名 観光客
□ overseas [òuvərsíːz]　　　　　　　副 海外で（類 abroad）　形 海外の

Note　he/sheと書かれているところをyouに変え、適切な疑問文の語順に変換することが求められる。4つの質問だけでなく、トピックに関連ある質問を積極的にしていこう。

Part 3

Topic "Students must do volunteer work."

Q. Do you agree or disagree with the statement? Why or why not?
> I agree with the statement. If students do volunteer work they can learn a lot about their local community. They can also get valuable life experience. Though I don't have a lot of time because I have too much homework, I would like to do volunteer work in my community someday.
> I don't agree with the statement. I think volunteer work should be optional. If all students have to do volunteer work, they may not be motivated to do it. Also, some students don't have time because they are busy doing homework or playing sports.

テーマ 「学生はボランティア活動をしなければならない」

Q. この意見に賛成ですか？　または反対ですか？　その理由は何ですか？
> この意見に賛成です。学生がボランティア活動をすれば、地域のコミュニティについて多くを学べます。また、価値ある人生経験も得られます。残念ながら宿題が多すぎてあまり時間がないのですが、いつか周りのコミュニティでボランティア活動がしたいです。
> この意見に反対です。ボランティア活動は任意であるべきだと思います。全ての学生がボランティア活動をしなければならないとしたら、やる気も起きないでしょう。また、宿題やスポーツをするのに忙しくて、時間のない学生もいます。

☐ volunteer [vɑ̀ləntíər]　　　　名ボランティア、ボランティアの
　① volunteer単体では「人」を表すことに注意。volunteer work や volunteer activity で「ボランティア活動」という意味になる。

☐ community [kəmjúːnəti]　　　名共同体
☐ unfortunately [ʌ̀nfɔ́ːrtʃənətli]　副残念ながら

Teap Speaking Test 1

Part 4

Should schools teach cooking to all students?
> I think so. I think cooking is an important life skill. If students learn about cooking at school, they can live a healthier life and also learn about good diet. Many university students live alone and find it difficult to make simple dishes. Learning cooking at school will help those students in later life.
> I don't think so. I think cooking should be taught at home by parents. It is something that can be done every day in the evening. Also, if students learn about cooking at home, it can be a fun activity that the whole family can share. I think schools are too busy teaching other subjects such as math, science, and history. Moreover, many schools may not have good facilities to allow cooking classes to be run successfully.

学校は、全ての学生に料理を教えるべきですか？
> そう思います。料理は大切な生活のスキルだと思います。学生が学校で料理を学べば、より健康的な生活を送れて、そのうえ良い食生活についても学べます。多くの大学生は一人暮らしをしていて、簡単な料理を作るのにも苦労しています。学校で料理を学べば、その後の人生にも役立ちます。
> そうは思いません。料理は、両親が家で教えるべきだと思います。毎日、夜にできることですから。それに、学生が自宅で料理を学べば、家族みんなが参加して楽しくやれます。学校は、数学や科学や歴史といった他の科目を教えるので手一杯だと思います。また、多くの学校には、料理のクラスをうまく行うのに適した設備がないかもしれません。

☐ diet [dáiət]	名 食生活、食事
☐ dishes [díʃiz]	名 料理
☐ be busy doing	〜するので忙しい
☐ facility [fəsíləti]	名 設備、施設
☐ allow A to do	Aが〜できるようにする、Aに〜させてあげる
☐ run [rʌ́n]	動 〜を運営する

Is doing an internship before getting a job a good idea?
> I think so. If students do an internship before getting a job, it will give them useful work experience and also help them decide what kind of job they want to do in the future. I did a two-week internship at a bank. Although I enjoyed it, I decided after that I didn't want to work in an office environment. So now, I've decided to become a nurse in the future.
> I don't think so. Many students do not have any practical skills to offer a company. As a result, many interns spend time doing simple and boring tasks because the company staff does not have time to train them. I think that students should focus on their academic studies and try to get the best possible test score.

就職する前にインターン研修をするのは良い考えですか？
> そう思います。学生が就職前にインターン研修をすれば、有益な職務経験が得られて、そのうえ将来どんな仕事をしたいかについて決定するのにも役立ちます。私は、銀行で2週間のインターン研修をしました。楽しかったですが、その後、オフィスの環境では働きたくないと思いました。それで今は、将来は看護婦になると決めています。
> そうは思いません。多くの学生には、会社に提供できるだけの実用的なスキルが全くありません。その結果、多くのインターンは単純で退屈な仕事をして過ごすことになります。会社の社員にも学生を教育する暇はないからです。学生は学問に集中して、テストでできるだけ良い点を取ろうとすべきだと思います。

☐ practical [præktikəl]	形 実用的な
☐ as a result	その結果
☐ train [tréin]	動 〜を訓練する
☐ focus on	〜に集中する

Do you think studying online is better than studying in a regular classroom?
> Yes, I do. If students study online, it is very convenient for them. I study English with an online language school. I can book a class at any time and have lessons with many different teachers. I can study from my bedroom late at night, too. Also, I don't have to share the teacher with 20 other students like in a regular classroom.
> No, I don't. Although studying online is very convenient, it is also sometimes difficult. I may find nice information on the Internet but there is nobody to ask if I have a question. In a regular classroom environment, I can ask the teacher immediately and also share ideas with my classmates.

通常の教室で勉強するより、オンラインで勉強するほうが良いと思いますか？
> はい、そう思います。学生がオンラインで勉強すると非常に便利です。私はオンラインの語学学校で英語を勉強しています。いつでもクラスの予約ができて、多くの様々な先生のレッスンが受けられます。夜遅くに寝室で勉強することもできます。それに、通常の教室でのように、先生を他の20人の学生と共有しなくてすみます。
> いいえ、そう思いません。オンラインでの勉強は非常に便利ですが、時々難しいこともあります。インターネットで良い情報を見つけるかもしれませんが、もし質問をしたくても誰にも尋ねられません。通常の教室での授業なら、すぐに先生に尋ねることができて、そのうえ同級生と意見交換もできます。

☐ book [búk] 動 〜を予約する
☐ share A with B AをBと共有する

Do you think social media is changing the way people get news?
> Yes, I do. Years ago, people had to wait to get the news either from the morning newspaper or from the daily news from the TV shows. Nowadays, people can get the news instantly by sharing it as it happens on social media. They can also comment on the news as it happens with their friends and family.
> No, I don't. I don't think many people trust online news sources completely. I think it is better to get news from the television station or from the newspaper. In addition, many people are too busy to check social media. They prefer to get their news at regular times of the day rather than instantly.

ソーシャルメディアは、人々がニュースを得る方法を変えつつあると思いますか？
> はい、そう思います。以前は、人々はニュースを得るのに、新聞の朝刊か毎日のテレビのニュースを待つ必要がありました。現代は、ソーシャルメディアですぐに共有することで素早くニュースを得られます。そのうえ、ニュースについてすぐに友人や家族とコメントすることもできます。
> いいえ、そうは思いません。多くの人々はオンラインのニュースソースを完全には信頼していないと思います。ニュースはテレビ局か新聞から得るほうが良いと思います。また、多くの人々はソーシャルメディアをチェックする暇がありません。彼らは速報よりもむしろ一日の決まった時間にニュースを得るほうを好むのです。

- [ ] instantly [ínstəntli]　　　　副 即座に
- [ ] not completely　　　　　　完全には〜ない
- [ ] prefer to do　　　　　　　〜する方を好む

Note　Part 3やPart 4のトピックはいろいろなものがあり、日ごろからさまざまな問題について考えておく必要がある。英検1級やIELTSスピーチトピックや、大学入試であれば早稲田の政治経済学部、法学部や慶應の経済学部などの自由英作文のトピックを見ておくことを勧める。

Teap Speaking Test 2

Part 1

Q1. Ⓐ What kind of movies do you like to watch?
　　Ⓑ I like to watch comedies. They are very funny and sometimes even touching.
　　Ⓐ What is your favorite movie?
　　Ⓐ My favorite movie is *Silent Story*.

Q1. Ⓐ どんな種類の映画を見るのが好きですか？
　　Ⓑ コメディを見るのが好きです。とても面白くて、時には本当に感動さえします。
　　Ⓐ 一番好きな映画は何ですか？
　　Ⓑ 私の一番好きな映画は、『サイレント・ストーリー』です。

☐ touching [tʌ́tʃiŋ]　　　　形 感動的な

Q2. Ⓐ What did you do on your last vacation?
　　Ⓑ I went to Okinawa with my family.
　　Ⓐ How did you travel there?
　　Ⓑ I took an airplane from Tokyo.

Q2. Ⓐ 前回の休暇には何をしましたか？
　　Ⓑ 家族と沖縄に行きました。
　　Ⓐ どうやって行ったのですか？
　　Ⓑ 東京から飛行機で行きました。

Q3. Ⓐ What country would you like to visit in the future?
　　Ⓑ I would like to visit Canada.
　　Ⓐ Why would you like to visit there?
　　Ⓑ Because I can speak English and see many beautiful mountains and lakes.

Q3. Ⓐ 将来どの国を訪れたいですか？
　　Ⓑ カナダに行きたいです。
　　Ⓐ なぜ、そこに行きたいのですか？
　　Ⓑ 英語を話せるし、多くの美しい山や湖が見られるからです。

☐ lake [léik]　　　　　　　　　名 湖

Part 2

YOU ARE TO INTERVIEW A HOTEL EMPLOYEE.

> Begin your interview with this sentence: "Hello, may I ask you some questions?"
>
> Ask questions about:
> - The hours he/she works.
> - What he/she wears at work.
> - The best thing about his/her work.
> - Advice for young people wanting to pursue the same career as his/hers.

Q. What hours do you work?
> I work from 6 A.M. to 6 P.M. every day.

Q. What do you wear at work?
> I wear my hotel uniform. It's a black suit.

Q. What is the best thing about your work?
> I can help guests enjoy their stay.

Q. Do you have any advice for young people wanting to pursue the same career?
> They should study a foreign language and like meeting people from different countries.

あなたはこれからホテルの従業員にインタビューをします。

> 「こんにちは、いくつか質問をしてもいいですか？」という文で、インタビューを始めてください。
> 以下について尋ねてください。
> ・働いている時間。
> ・職場での服装。
> ・仕事について最も良い点。
> ・自分と同じ職業に就きたい若者へのアドバイス。

Q. 何時から何時まで働いていますか？
> 毎日、午前6時から午後6時まで働いています。

Q. 職場では何を着ますか？
> ホテルの制服を着ます。黒のスーツです。

Q. あなたの仕事で最も良い点は何ですか？
> お客様が滞在を楽しむお手伝いができることです。

Q. 自分と同じ職業に就きたい若者に何かアドバイスはありますか？
> 外国語を学んで、いろいろな国の人に会うのを好きになったほうがいいです。

□ guest [gést]　　　　　　　　　名 ホテルの宿泊客、招待客
□ pursue [pərsúː]　　　　　　　動 〜を追い求める
□ pursuit [pərsúːt]　　　　　　名 追求

Part 3

Topic "School vacations should be longer."

Do you agree or disagree with this statement? Why or why not?
> I think school vacations should be longer. If the school vacation is longer, students can enjoy more time with their friends and family. They can take trips to different places and also have some time off from studying. Besides, I think it's important for teachers to have some time away from school too.
> I don't think school vacations should be longer. Many parents have to work and cannot take long vacations. As a result, many students might be bored and alone at home during the vacation. Also, if students don't have enough classes, they may not pass their tests. I think students already get enough vacation time.

テーマ 「学校の休みはもっと長くすべきだ」

この意見に賛成ですか？ 反対ですか？ その理由は何ですか？
> 私は、学校の休みはもっと長くすべきだと思います。学校の休みがもっと長ければ、学生は友人や家族と一緒により多くの時間を楽しめます。さまざまな場所へ旅行をすることができて、また勉強も少し休めます。さらに、教師が、学校から離れる時間を持つことも大事だと思います。
> 私は、学校の休みはより長くすべきだとは思いません。多くの両親は仕事があるので、長期の休暇をとることができません。その結果、多くの学生は、休みの間一人で家にいて退屈するおそれがあります。また、学生が十分な授業を受けないと、試験に合格できないかもしれません。学生はすでに十分な休みを取っていると思います。

☐ take a trip to	〜へ旅行する
☐ have/take time off	休みを取る
☐ besides [bisáidz]	副 さらに（メインではなく、おまけを付け足すときに使う表現）
☐ as a result	その結果

Part 4

CD1 38

Should people study a foreign language?
> I think so. If students learn a foreign language, they can make friends with people all over the world and learn a new culture. If they don't study a foreign language, they will find it difficult to communicate to people from other countries.
> I don't think so. Many people don't need to use a foreign language in their lives. They also like to vacation in their own country. My father studied English at high school, but he never needs to use it. His friends, coworkers, and customers all speak the same language as he does

人々は外国語を学ぶべきですか？
> そう思います。学生が外国語を学べば、世界中の人々と友達になれて、新しい文化を学べます。外国語を学ばなければ、他国の人々との情報交換が難しくなるでしょう。
> そうは思いません。多くの人々は生活の中で外国語を使う必要がありません。彼らはまた、自国内で休暇を過ごすのが好きです。私の父は高校で英語を勉強しましたが、使う必要は全くありません。父の友人、同僚や顧客はみんな父と同じ言語を話します。

☐ vacation [veikéiʃən]	動 休暇を取る　名 休暇
☐ coworker [kóuwɚːrkər]	名 同僚（類 colleague）
☐ customer [kʌ́stəmər]	名 顧客

Teap Speaking Test 2

Are laptop computers better than desktop computers?
> Yes, they are. Laptop computers are very light to carry. I can carry my laptop computer around with me everywhere. I can use it at home, on the train, and in a coffee shop. Therefore, it is very convenient.
> No, they aren't. It's troublesome to carry a laptop around all of the time. Also, they are easily lost or damaged unlike desktops. The laptop computer might have private data on it and if it gets lost, that will create a lot of problems.

デスクトップパソコンよりもノートパソコンの方がよいですか？
> はい。ノートパソコンは非常に軽くて持ち運びやすいです。ノートパソコンはどこにでも持ち歩けます。自宅、電車の車内やカフェでも使えます。だから非常に便利です。
> いいえ。ノートパソコンを常に持ち歩くのは面倒です。また、デスクトップとは違い簡単に無くしたり損傷したりします。ノートパソコンには個人情報が入っているおそれがあり、もしなくしたりすれば、多くの問題が生じます。

- □ laptop (computer) 　　ノートパソコン
- □ desktop (computer) 　　デスクトップパソコン
  - ① lap「もも」の top「上に」載せて使えるパソコンと desk「机」の top「上」に載せて使うパソコン
- □ unlike [ʌ̀nláik] 　　前 〜とは違って
- □ create [kriéit] 　　動 〜を作り出す

Do you think people are happier than in the past?
> Yes, I do. People have more money than in the past and that means they can travel and do fun things. Also, people live longer and have healthier lives too. Many years ago, people lived only a short time and had much harder lives.
> No, I don't. People nowadays have a lot of stress in their lives and many people live alone and away from their families. There are many lonely people. Also, because of high-tech weapons, the world has recently become a dangerous place, and people worry so much about that now.

人々は昔よりも幸せだと思いますか？
> はい、そう思います。人々は昔よりお金があるので、旅行したり、楽しいことができます。また、寿命も長くなり、より健康的な生活を送っています。昔は、生きられる時間はごく短く、生活もずっと厳しいものでした。
> いいえ、そうは思いません。現代人は人生に多くのストレスを抱え、多くの人々は家族から離れて一人で暮らしています。多くの孤独な人々がいます。また、最先端技術の武器により最近は世の中が危険になり人々は今やそのことをとても心配しています。

□ **nowadays** [náuədèiz]　　　　　副 最近（類 these days）
　　① recently や lately はネイティブは現在形とも使うが、アカデミックな場面ではなるべく現在完了形や過去形と使うようにしたい

Teap Speaking Test 2

Do you think technology has dramatically changed the way that people make purchases?
> Yes, I do. Many years ago, people had to go to a store to make a purchase and sometimes the store was far from their homes. Nowadays, people can buy things online from anywhere in the world. Also, most stores close at 6 PM but now, people can go shopping at any time of the day or night.
> No, I don't. Although online shopping is popular, I think most people still prefer to visit a store to see and touch the merchandise. Additionally, shopping is a fun experience for people to do on their day off, so I don't think technology has changed the way that people buy things so much.

テクノロジーは、人々が買い物をする方法を劇的に変えたと思いますか？
> はい、そう思います。以前は、人々は買い物をするためには店に行かなければならず、時には店が家から遠いこともありました。現在は、人々は世界のどこからでもオンラインで物を買うことができます。また、ほとんどの店は午後6時に閉まりますが、今や人々は昼も夜もいつでも買い物ができます。
> いいえ、そうは思いません。オンライン・ショッピングは人気ですが、ほとんどの人々は今でも、商品を見て触れるために店に行くほうを好むと思います。また、買い物は休日の楽しみですから、テクノロジーが人々の買い物の方法をそんなに変えたとは思いません。

☐ make a purchase	買い物をする
☐ merchandise [mə́ːrtʃəndàiz]	名 商品
☐ day off	休日

Part 1

Ⓐ What class do you like most in school?
Ⓑ I like English class.
Ⓐ Can you tell me more about that?
Ⓑ It is very informative and my English teacher is friendly.

Ⓐ 学校でどの授業が最も好きですか？
Ⓑ 英語の授業が好きです。
Ⓐ もっと詳しく話して頂けますか？
Ⓑ とても役に立ちますし、英語の先生が親しみやすいです。

☐ informative [infɔ́ːrmətiv]　　形 (情報を与えてくれるので)有益な

Ⓐ What gift did you buy for someone recently?
Ⓑ I bought a DVD for my brother.
Ⓐ Why did you choose that gift?
Ⓑ He likes watching movies at home.

Ⓐ 最近誰かのために買った贈り物は何ですか？
Ⓑ 兄のためにDVDを買いました。
Ⓐ なぜ、その贈り物を選びましたか？
Ⓑ 兄は家で映画を見るのが好きなのです。

Ⓐ What kind of job would you like to do in the future?
Ⓑ I would like to be a flight attendant.
Ⓐ Why would you like to do that job?
Ⓑ Because I can use English every day and travel around the world.

Ⓐ 将来どんな仕事をしたいですか？
Ⓑ 飛行機の客室乗務員になりたいです。
Ⓐ なぜ、その仕事をしたいのですか？
Ⓑ 毎日英語を使えて、世界中を旅行することができるからです。

☐ flight attendant　　　　　　　客室乗務員(スチュワーデス・スチュワート)

Part 2

YOU ARE TO INTERVIEW A SMALL BUSINESS OWNER

> Begin your interview with this sentence: "Hello, may I ask you some questions?"
>
> Ask questions about:
> - The type of business he/she owns.
> - The number of employees he/she has.
> - The type of people he/she hires.
> - Advice for future small business owners.

Q. What type of business do you own?
> I own a clothing store.

Q. How many employees do you have?
> I have around 30 employees both full-time and part-time.

Q. What type of people do you hire?
> I hire people who are interested in fashion and enjoy dealing with customers.

Q. Do you have any advice for future small business owners?
> They should think carefully about the location of their business and hire good staff.

Teap Speaking Test 3

あなたはこれから小規模な店の経営者にインタビューをします。

> 「こんにちは、いくつか質問をしてもいいですか?」という文で、インタビューを始めてください。
> 以下について尋ねてください。
> ・経営している店の種類。
> ・従業員数。
> ・雇用する人々のタイプ。
> ・将来、小規模な店を持ちたい人へのアドバイス。

Q. どんな種類の店を経営していますか?
> 衣料品店を経営しています。

Q. 従業員は何人ですか?
> フルタイムとパートタイムで、およそ30人の従業員がいます。

Q. どんなタイプの人々を雇用しますか?
> ファッションに興味を持っていて、顧客の相手をするのを楽しむ人々を雇用します。

Q. 将来、小規模な店を持ちたい人のために何かアドバイスがありますか?
> 店の場所について慎重に考え、良い従業員を雇用すべきです。

☐ business [bíznis]　　　　　名 企業、店、ビジネス
　① お店や企業の意味があることに注意
☐ full-time　　　　　　　　　形 常勤の、正社員の
☐ part-time　　　　　　　　　形 非常勤の、アルバイトの

Part 3

Topic "Students have to do too much homework nowadays."

Do you agree or disagree with this statement? Why or why not?
> I agree that students have to do too much homework these days. Students have a lot of pressure to do well in examinations from teachers and parents. As a result, they get a lot of homework and they don't have enough free time to enjoy with their friends.
> I disagree with the statement. Students have always had to do homework. It is part of being a student. If a student wants to enter a good university or get a good job, they have to study hard. In fact, I sometimes ask my teacher to give me more homework because I want to score well in my tests.

テーマ 　「最近の学生は宿題が多過ぎる。」

この意見に賛成ですか？ または反対ですか？ その理由は何ですか？
> 最近の学生には宿題が多すぎるという意見に賛同します。学生は、試験で良い点を取るよう教師と両親から多くのプレッシャーを受けています。その結果、多くの宿題を与えられ、友達と楽しめる十分な自由時間がありません。
> 私はこの意見に賛同しません。学生は、常に宿題が必須です。それは、学生であることの一部です。良い大学に入学したり良い仕事に就いたりしたいなら、学生は一生懸命に勉強すべきです。実際、私はテストで良い点を取りたいので、ときどき先生にもっとたくさん宿題を出すようお願いしています。

☐ in fact	実際
☐ score [skɔ́ːr]	動 得点する 名 得点

Teap Speaking Test 3

Part 4

Should people recycle things more?
> Yes, they should. Recycling helps the environment. Nowadays, almost anything can be recycled, so we should try harder to do so. Furthermore, some products might be cheaper if we use recycled materials to produce them.
> No, they shouldn't. I think people already recycle enough. My city already recycles glass, paper, and aluminum. I think that is enough. It takes too much time to sort everything into different categories. People don't have enough time to do more recycling.

人々はもっとリサイクルをすべきですか？
> はい、そうすべきです。リサイクルは環境を助けます。最近は、ほとんど何でもリサイクルできるので、そうするためにもっと努力すべきです。さらに、リサイクルされた材料を使って製造すれば、もっと安くなり得る製品もあります。
> いいえ、そうすべきではありません。人々はすでに十分なリサイクルをしていると思います。私の市は、すでにガラス、紙とアルミニウムをリサイクルしています。それで十分だと思います。全てを異なる種類に分別するのは、あまりに時間がかかり過ぎます。人々には、これ以上のリサイクルをする時間はありません。

- □ furthermore [fə́:rðərmɔ̀:r] 　副さらに (類 moreover)
- □ material [mətíəriəl] 　名材料、資料
- □ aluminum [əlú:mənəm] 　名アルミニウム
  ① 発音注意
- □ sort [sɔ́:rt] 　動〜を分ける
- □ category [kǽtəgɔ̀:ri] 　名種類、部門

Are there any advantages to buying second-hand goods rather than new items?

> Yes, there are. Recycled goods are cheaper than items sold in regular stores so people can save a lot of money. Also, buying second-hand goods is a nice way to help the environment because it means products are used again instead of being thrown away.

> No, there aren't. Second-hand goods are often damaged or old. As a result, they break easily. In addition, they often come without a warranty so if they break, they cannot be fixed for free. I much prefer to buy brand-new items from a store for this reason.

新品よりも中古品を買うことに何か利点がありますか？

> はい、あります。リサイクル品は通常の店で販売されている物より安いので、かなりのお金を節約できるかもしれません。また、中古品を買うと、製品を捨てる代わりに再利用することになるので、環境を助ける良い方法です。

> いいえ、ありません。中古品は、損傷していたり古かったりすることが多いです。その結果、壊れやすいです。これに加え、中古品は保証書がないことが多いので、壊れても無料で修理できません。この理由で、私は店で新品を買うほうがずっと好きです。

☐ advantage [ædvǽntidʒ]	名 利点
☐ second-hand	中古の（類 used）
☐ save [séiv]	動 〜を節約する
☐ instead of	〜ではなく、〜の代わりに
☐ throw away	〜を捨てる（類 dispose of）
☐ warranty [wɔ́:rənti]	名 保証
☐ fix [fíks]	動 〜を直す（類 repair）
☐ for free	無料で
☐ brand-new	新品の、真新しい

Teap Speaking Test 3

Do you think family members talk together more than in the past?
> Yes, I do. Nowadays, parents can keep in contact with their children using smartphones. Consequently, there are more opportunities for families to talk to each other during the day. In the past, people were busy working and only saw each other in the evening after work.
> No, I don't. In the evening, many children don't talk much to their parents because they are busy playing video games, surfing the Internet or doing homework in their rooms. Also, many family meals are now served in front of the television set, so people don't talk to each other because they are busy watching television.

家族は昔よりもよく会話をしていると思いますか？
> はい、そう思います。最近は、親はスマートフォンで子どもと連絡が取れます。従って、日中に家族がお互いに話す機会は増えています。昔は、人々は仕事で忙しく、夜になって仕事が終わってからしか会えませんでした。
> いいえ、そう思いません。夜には、多くの子供たちは自分の部屋でビデオゲームをしたり、ネットサーフィンをしたり、宿題をするのに忙しいので、両親とはあまり話をしません。また、今や多くの家族はテレビの前で食事をとるので、テレビを見るのに忙しくて、お互いに話をしません。

☐ keep in contact/touch with	～と密に連絡を取り合う
☐ smartphone [smá:rtfòun]	名スマートフォン
☐ consequently [kánsəkwèntli]	副その結果
☐ each other	お互い（類 one another）
① 副詞ではなく名詞であることに注意	
☐ surf the Internet	インターネットサーフィンをする
☐ meal [mí:l]	名食事

Do you think e-books are changing the way students read?
> Yes, I do. Many people prefer to read e-books on their smartphones or on a tablet computer. As a result, people do not buy as many paper books as before. Also, online e-book stores often recommend titles based on previous purchases, so people get more book options than before.
> No, I don't. I think most people continue to prefer to read a paper book, and many do not own e-book readers. If I go to a local bookstore, it is always crowded with shoppers browsing and purchasing the latest titles.

電子書籍は学生の読書方法を変えつつあると思いますか？
> はい、そう思います。多くの人々は、スマートフォンやタブレットで電子書籍を読むほうを好みます。その結果、人々は以前ほど紙製の本を買いません。また、オンラインの電子書籍店は、以前の購入品に基づいて本を勧めることが多いので、昔より本の選択肢が増えました。
> いいえ、そうは思いません。ほとんどの人々が今も紙の本を読むほうを好んでいますし、多くの人々は電子書籍リーダーを持っていません。私が地元の本屋に行くと、最新刊を見て回ったり購入したりする買い物客でいつも混みあっています。

☐ tablet (computer)	タブレット(iPadなど)
☐ title [táitl]	名 作品名
☐ e-book reader	電子書籍を読むための機器(Kindleなど)
☐ local [lóukəl]	形 地元の
☐ be crowded with	～で混んでいる
☐ browse [bráuz]	動 見て回る
☐ latest [léitist]	形 最新の

第4章

ライティングに使う表現

ライティングテストについて

Task A

Task A は文章を要約するものです。要約するだけで、**自分の意見を書かないように注意しましょう**。ある議論の余地があるトピックが提示され、それに対し、意見 A とそれに対立する意見 B が述べられます。要約では**文章中に書いてあることをそのまま書き写すのはよくありません**。そのまま書き写すと、あなたの読解力やライティング力を測ることができないからです。ですから、できるかぎり**別の表現に言い換えましょう**(何も思い浮かばなかったらそのまま書いて、時間が余ったら言い換え表現を考えましょう)。言い換えるには**類語を使ったり、文の構造を変えたり**する(例:句を節に、節を句に、受動態を能動態に変える)必要があります。

書き方の手順としては以下のようにできます。
① **全体のトピック**を文章中にある表現とは別の表現に言い換える。
② **意見 A** を言い換え、**A を支持する理由**を別の表現に言い換えまとめる。
③ **対立意見 B** を言い換え、**B を支持する理由**を別の表現に言い換えまとめる。

接続副詞を使い、きちんと論理関係を示すようにしてください。約 70 語と指定がありますが、別に大幅に語数が越えてしまってもきちんと上記のポイントが書けていれば問題ありません。

Task B

図表と意見をまとめ、最後に自分の意見を述べるライティングです。Task A と同じように言い換えること、論理関係を示すことを心掛けてください。

① **全体のトピック**をまとめる。
② **図表1と図表2**をまとめる。
③ **人物Aの意見（複数）**と**人物Bの意見（複数）**とそう考える**理由**をまとめる。
④ **自分の意見**とそう考える**理由**を述べる。

②は**図表を描写する表現**をきちんと覚えておくことが必要です。③の人物AとBはそれぞれ複数の解決策などを述べます。そして彼らの意見の**共通点と相違点をまとめる**必要があります。接続副詞を使い論理関係を示し、できる限り言い換えましょう。④は書きすぎないことがポイントです。ふつうに書いていたら③までで200語は越えてしまいます。③にある理由をつかって、「Aが述べているように〜だから」くらいで理由の部分を終わらせるとよいでしょう。**自分の意見よりもきちんとデータや文献を読み取りまとめる力**が重視されています。意見を述べる力はライティングよりもスピーキングで試されます。

Nowadays, students are encouraged to do internships at local companies. **By doing so**, they can get valuable experience and understand the world of work. **Additionally**, it may also help them decide upon a future career. **However**, some people think that interns are exploited **because** they are often unpaid for their work and are sometimes given monotonous tasks to perform.

最近は、学生は地元の企業でのインターン研修を奨励されます。**それによって**、価値ある経験を得て、仕事の世界を理解することができるのです。**さらに**、将来の職業を決定するのにも役立つかもしれません。**しかし**、インターンは仕事に対して無報酬であることが多く、やっていて退屈な仕事を与えられることもある**ので**、搾取だと考える人々もいます。

- □ encourage A to do　　　　Aに〜することを奨励する
- □ by doing so　　　　そうすることによって
- □ additionally [ədíʃənli]　　　　副 さらに（類 in addition）
- □ decide (up)on　　　　〜を決める、選ぶ
- □ however [hauévər]　　　　副 しかし
- □ exploit [iksplɔ́it]　　　　動 〜を搾取する、埠頭に利用する
- □ unpaid [ʌ̀npéid]　　　　形 （報酬などが）未払いの
- □ monotonous [mənátənəs]　　　　形 （単調で）退屈な（類 tedious）

Writing Task A

CD1 50

In recent years, several cities have been trying to open casinos where people can gamble with their money. **In doing so**, the cities hope to attract wealthy tourists and improve the local economy. **In addition**, it is hoped that the casinos will employ many local people. **On the other hand**, there are concerns that traffic and crime levels may rise where casinos are built, **so** people living nearby are often against their construction.

近年、いくつかの都市は金銭賭博のできるカジノを開こうと試みてきました。**それによって**、都市が裕福な観光客を引きつけ、地域経済が向上することを期待しているのです。これに加え、カジノが多くの地元住民を雇用することが期待されています。**その一方で**、カジノが建設される所では交通渋滞と犯罪率が上がるかもしれないという懸念がある**ため**、近隣住民はしばしば建設に反対します。

- in recent years — 近年
- several [sévərəl] — 形 いくつかの〜
- casino [kəsí:nou] ❗発音注意 — 名 カジノ
- in doing so — そうすることで、その結果（類 in so doing）
- attract [ətrǽkt] — 動 〜を引き付ける（類 appeal to）
- wealthy [wélθi] — 形 裕福な（類 rich）
- in addition — さらに
- on the other hand — その一方で
- traffic [trǽfik] — 名 交通量
- be against — 〜に反対する（反 be for, be in favor of）

For several years, scientists have been trying to explain global warming as being caused solely by pollution. **As a consequence**, governments around the world have been trying to reduce factory emissions. **Furthermore**, people are being asked to recycle more and to think about their own carbon footprint. **In contrast**, a number of people think that the rise in temperatures is closely related to natural phenomena such as sunspots and volcanic ash, and that nothing can be done to prevent it.

ここ数年間、科学者は、地球温暖化は公害のみが原因であることを明らかにしようとしてきました。**その結果**、世界中の政府は、工場の排気量を減らそうとしてきました。**さらに**、人々はリサイクル量を増やして、自身の二酸化炭素排出量について考えるよう求められています。**これとは対照的に**、何人かの人々は、気温の上昇は太陽黒点や火山灰といった自然現象と密接に関連しており、それを防ぐ方法はないと考えています。

- global warming — 地球温暖化
- solely [sóulli] — 副 〜だけで (類 only)
- pollution [pəlúːʃən] — 名 公害、汚染
- as a consequence — その結果 (類 as a result)
- emissions [imíʃənz] — 名 排出量
- emit [imít] — 動 〜を排出する、発する
  - ① e-「外に」-mit「送る」というのが語源
- furthermore [fə́ːrðərmɔ̀ːr] — 副 さらに (類 moreover)
- carbon footprint — 二酸化炭素排出量 (類 carbon dioxide emissions)
- in contrast — 対照的に (類 by contrast)
- phenomenon [finámənàn] — 名 現象 (複数形は phenomena)
- sunspot [sánspàt] — 名 太陽黒点
- volcanic [vɑlkǽnik] — 形 火山の (volcano 名 火山)

Writing Task A

- [ ] ash [ǽʃ] 　　　　　　　　　名 灰
- [ ] prevent [privént] 　　　　動 ～を防ぐ

接続副詞一覧　　　　　　　　　　　　　　　CD1 52

追加	additionally in addition furthermore moreover what is more	さらに
結果	as a result as a consequence in consequence consequently	その結果
結果	therefore thus hence accordingly	それゆえに
逆説	however	しかし
逆説	nevertheless nonetheless still	それでもやはり
逆説	on the other hand	一方で
逆説	conversely by contrast in contrast	対照的に
例証	otherwise	さもないと
例証	for example for instance	たとえば
順序	first (of all)	まず
順序	then	それから
順序	next	次に
順序	finally lastly ultimately	最後に

その他押さえておきたいもの	instead	代わりに
	afterwards	その後
	eventually	最終的に
	indeed	実際は、実際に
	in fact actually specifically particularly in particular	特に
	likewise similarly	同じように

その他文修飾の副詞

fortunately　　　副 幸運にも
unfortunately　　副 幸運なことに
ironically　　　　副 皮肉にも
naturally　　　　副 当然ながら

The number of visitors to Hillgate Library has been steadily falling from a high of 8,000 ten years ago to a low of 4,500 now. At the same time, the number of child visitors remained stable at around 4,500 for two years until last year but has recently dropped significantly to 3,000.

Regarding this situation, Mark Watson, a local novelist, thinks that the library should do two things. First, he mentions that the reason for the decrease in visitor numbers is the growing popularity of e-books which can be downloaded onto smartphones and tablet computers, and proposes that the library update its collection of books to offer a wider range of titles. He also suggests that some events be held at the library to encourage local people to visit.

Meanwhile, Sharon Veni, a mother of two students in Hillgate, agrees with Watson regarding the holding of events but also states that without extending the library's opening hours in the evenings, many people will simply not be able to attend.

In my opinion, encouraging people to visit the local library through the holding of events is a good idea but the events need to be held at times convenient to people, as Veni says. Furthermore, updating the collection of titles on offer may also raise the number of visitors.

Writing Task B

ヒルゲート図書館の来館者数は、10年前は8,000人と最多でしたが、次第に減って現在は最少の4,500人です。その一方で、子供の来館者数は昨年までの2年間は4,500人前後と安定していましたが、近年急激に減って3,000人となりました。

この状況に関し、地元在住の小説家であるマーク・ワトソンは、図書館が2つのことをすべきだと考えています。まず彼は、来館者数の減少の原因はスマートフォンやタブレットにダウンロードできる電子書籍の人気の上昇であると述べ、図書館がより広範囲の書籍を提供するために蔵書を更新することを提案しています。彼はまた、地元住民の来館を促すために図書館でイベントを開催すべきだと提案しています。

一方、ヒルゲートの2人の学生の母であるシャロン・ヴェニは、イベントの開催に関してはワトソンに同意するものの、しかしまた、図書館の開館時間を夕方のもっと遅い時間までに拡大しない限り、多くの人々は全く出席できないとも語っています。

私の意見としては、イベントの開催を通じて地元の図書館を訪れるよう呼びかけることは良い考えですが、ヴェニの言うように、イベントは人々に都合の良い時間に開催すべきです。さらに、提供する蔵書を更新することも来館者数を増やすかもしれません。

- [ ] steadily [stédili] 　　副 一貫して
- [ ] regarding 　　前 〜に関して（類 concerning）
- [ ] propose/suggest that SV(原形) 　　SにVするよう提案する
- [ ] be held 　　（イベントが）行われる（類 take place）
- [ ] encourage A to do 　　Aに〜するよう促す
- [ ] extend [iksténd] 　　動 〜を延ばす・〜を与える
- [ ] update [動 ʌ̀pdéit / 名 ʌ́pdèit] 　　動 〜を最新のものにする・〜をアップデートする　名 アップデート・最新情報
- [ ] in my opinion 　　私の意見では

Of the four clubs at Hillgate High School, the music club has consistently been the most popular with a membership of around 200 students over the past three years. In comparison, membership of the art and book clubs have both fluctuated at around 100 to 130 members while the membership of the sports clubs has dropped significantly from 180 members two years ago to just 50 members recently.

Melanie Rogers, principal at Hillgate High School proposed two solutions to increase membership of the sports clubs. First, she advises that sports training sessions be held in the morning before school rather than after school and that a wider range of sports be offered by the school.

At the same time, Joe Battle, captain of the school soccer team, claims that many students feel that the sports clubs are only for those who are physically gifted. He indicates that the clubs should cater to all levels of ability but that he agrees with the principal that a wider variety of sports be offered to students.

In my opinion, Joe Battle is correct that many students may be reluctant to participate in the sports club because they feel that they may not be good enough. I also felt that way when I was in school. Therefore, if the club offers sessions for beginners as well, the membership may grow in the future.

Writing Task B

ヒルゲート高校の4つのクラブのうち、音楽クラブは一貫して最も人気があり、過去3年間の部員数はおよそ200人です。比べて、美術と読書クラブの部員数はどちらも100～130人前後と上下し、一方スポーツ・クラブの部員は2年前の180人から著しく減少して最近はたった50人です。

ヒルゲート高校の校長であるメラニー・ロジャーズは、スポーツ・クラブの部員数を増やすために、2つの解決案を出しました。まず、スポーツの練習が放課後よりも朝学校が始まる前に行われることと、そして学校がより広範囲のスポーツを提供することです。

一方、学校のサッカー・チームのキャプテンであるジョー・バトルは、多くの学生がスポーツ・クラブは運動能力の優れた人々専用だと感じていると主張します。彼は、クラブはあらゆるレベルの能力に見合うべきであるが、より幅広い種類のスポーツが学生に提供されるべきだという点では校長に賛成だと述べました。

私の意見としては、能力不足かもしれないと感じることが理由で多くの学生がスポーツ・クラブに参加するのをためらうという点で、ジョー・バトルは正しいと思います。私も学生時代にはそう感じました。したがって、クラブが初心者に対しても練習を提供すれば、今後は部員数が増加するかもしれません。

☐ consistently [kənsístəntli]	副 一貫して
☐ in comparison	それと比べて
☐ in comparison with A	Aと比べて
☐ book club	読書会（決められた範囲まで本を読んできてそれに関して感想などを話し合う会）
☐ fluctuate [flʌ́ktʃuèit]	動 上下する、変動する
☐ advise that SV (原形)	SがVするよう助言する
☐ claim [kléim]	動 ～と主張する
☐ be reluctant to do	～するのをためらう（類 be unwilling to do）
☐ as well	～もまた（類 too）

In Hillgate, it is clear that many residents live fairly close to their place of work or school. This is shown by the fact that 53% of people commute 10 to 20 minutes to work each day. In comparison, the number of residents who take a daily commute of between 30 to 40 minutes accounts for just 4% of respondents.

As a result, Ray Mintford, director of transportation for the city government, suggested that the city should encourage more people to cycle to work rather than use their cars. Furthermore, he proposes the introduction of bicycle lanes throughout the city as one way of doing so.

However, local resident Sylvie Horton thinks that while encouraging people to cycle to work will improve the health of residents and lower pollution, the introduction of cycle lanes will be costly, and the number of road lanes may be reduced to accommodate the bike lanes.

I think Mintford is correct that people should be encouraged to cycle to work and the introduction of bicycle lanes in the city will encourage people to ride to work instead of using a car.

Writing Task B

ヒルゲートでは、明らかに多くの住民が職場か学校のかなり近くに住んでいます。このことは、人々の 53% は毎日の通勤時間が 10 〜 20 分だという事実によって示されています。比べて、毎日の通勤に 30 〜 40 分かけている住民の数は、回答者のわずか 4% です。

この結果を受けて、市役所の輸送課長であるレイ・ミントフォードは、市はより多くの人々が車より自転車で通勤するのを奨励すべきだと述べました。さらに、実行方法の 1 つとして、市内の至るところに自転車用レーンを導入することを提案しています。

しかし、地元住民であるシルヴィー・ホートンは、自転車通勤を奨励することは住民の健康を向上させて公害を減らすものの、特定の自転車レーンを導入するのには多くの費用がかかり、自転車レーンに対応するために車線の数が減らされるかもしれないと考えています。

私は、自転車通勤が奨励されるべきであり、市の自転車レーンの導入は人々が車の代わりに自転車で通勤するのを奨励するという点で、ミントフォードが正しいと思います。

- □ fairly [féərli] 副 かなり
- □ commute [kəmjúːt] 動 通勤する・通学する 名 通勤・通学
- □ undertake [ʌ̀ndərtéik] 動 〜に着手する・〜を引き受ける
- □ as a result その結果
- □ furthermore [fə́ːrðərmɔ̀ːr] 副 さらに
- □ introduction [ìntrədʌ́kʃən] 名 導入・紹介
- □ introduce 動 〜を導入する・〜を紹介する
- □ bicycle lane 自転車レーン(自転車だけが走れる道) (類 bike lane, cycle lane)

- □ lower [lóuər] 動 〜を減らす (類 reduce, lessen)
- □ pollution [pəlúːʃən] 名 汚染
- □ accommodate [əkɑ́mədèit] 動 〜のスペースがある・〜を収容する・(要望)に応える

Among high school students in Hillgate, online gaming constitutes the majority of computer usage by first, second, and third year students. In particular, freshman students spend 70% of their computer usage time playing online games though this later falls back to 52% by the third year. At the same time, the percentage of students using computers to complete homework assignments is consistently low with just 14% of freshmen and sophomores doing so and a small increase to 24% for juniors.

Lesley Kennett, a local high school teacher, suggests that teachers encourage students to research data online for homework assignments. In addition, she asserts that students should type their homework, rather than write it in pen, and then e-mail the completed assignments to the school from home.

By contrast, Alison Quinn, a local parent, thinks that while parents should try to reduce the amount of time children spend playing online games, she disagrees with Lesley Kennet. First, she fears that children may come across dangerous websites while conducting their research. Second, not all parents can afford to purchase a computer or to pay for an internet connection at home.

I agree with Alison Quinn that computers are expensive for some households. If schools ask students to do homework assignments on computers, they should help pay for the cost. However, I also consider writing with a pen equally important because we don't always have access to a keyboard. Therefore, not all assignments should be done using a computer.

Writing Task B

ヒルゲートの高校生の間で、オンライン・ゲームは 1 年、2 年および 3 年生のコンピューター使用の大部分を占めます。特に 1 年生はコンピューター使用時間の 70% をオンライン・ゲームに費やしますが、これは後に 3 年生になるまでには 52% に減少します。一方で、宿題を仕上げるためにコンピューターを使用する学生の割合は一貫して低く、1 年生と 2 年生では 14% で、3 年生は若干増えて 24% です。

地元の高校教師であるレズリー・ケネットは、教師が学生に、オンラインで宿題のためのデータを探すように勧めるべきだと提案しています。加えて、学生が宿題をペンで書かずにパソコンで打って、それから完成した宿題を自宅から学校に E メールで送るべきだと主張しています。

それとは対照的に、地元在住の親であるアリソン・クインは、両親は子供がオンライン・ゲームをして過ごす時間を減らそうと試みるべきだとは思うものの、レズリー・ケネットには反対です。まず彼女は、子供が調べ物をしていて危険なウェブサイトに出くわすかもしれないと心配しています。次に、全ての両親が、コンピューターの購入や自宅でのインターネット接続料金の支払いをする余裕があるわけではありません。

一部の家庭にとってコンピューターは高価だという点で、アリソン・クインに同意します。もし学校が学生にコンピューターで宿題をするよう求めるなら、費用の支払いを援助すべきです。しかし、常にキーボードを使えるわけではないので、ペンで書くことも同じように大切だと思います。したがって、全ての宿題をコンピューターでやる必要はないでしょう。

- □ constitute [kánstətjùːt] 動 〜を構成する
- □ in particular 特に
- □ fall back 減少する
- □ in addition さらに
- □ assert [əsə́ːrt] 動 〜を主張する
- □ come across 〜に遭遇する
- □ can afford to do 〜する余裕がある
- □ have access to 〜を利用できる

第5章

カテゴリ別単語
(リスニング、リーディングのための重要単語)

自然科学／社会科学／人文科学／その他の重要単語

● 自然科学

001 grain
[gréin]

名 穀物

The wholesale price of **grain** has fallen drastically due to a bumper harvest this year.

今年の豊作のおかげで、穀物の卸値が大幅に下がっている。

- wholesale [hóulsèil] — 形 卸売りの
- retail — 名 小売、小売りの
- drastically [dræstikəli] — 副 大幅に
- bumper [bʌ́mpər] — 形 非常に豊富な
- harvest [hɑ́ːrvist] — 名 収穫

002 crop
[krɑ́p]

名 農作物、収穫高（類 harvest）

Due to inclement weather, the poor **crop yield** this year is expected to push up prices.

悪天候により、今年の農作物の不作が価格を吊り上げると思われる。

- inclement weather — 悪天候
- 関 □ **crop yield** — 収穫量

カテゴリ別単語 • 自然科学

003 **organic** [ɔ́ːrgǽnik]
形 有機栽培の、有機的な

■ Sales of **organic** produce have increased as consumers have become more aware of the health benefits.
消費者の健康上の利益に対する意識が高まるにつれ、有機農産物の売上高は増加した。

- produce [prádjuːs] 　名 青果
  　　　　　　　　　　動 ～を生産する
  ① 名詞はproの部分にアクセントが、動詞はduceの位置にアクセントが置かれる。
- consumer [kənsúːmər] 　名 消費者
- be aware of 　　　　　　～に気が付く
- benefit [bénəfit] 　　　　名 利益

004 **fertilizer** [fə́ːrtəlàizər]
名 肥料

■ Research has shown that some **fertilizers** can have adverse effects on local wildlife.
研究により、現地の野生生物に対して逆効果となる肥料もあることが、わかった。

- adverse [ædvə́ːrs] 　　　形 有害な、逆の
- wildlife [wáildlàif] 　　　名 野生生物

関 □ **fertilize** [fə́ːrtəlàiz] 　　動 ～を肥沃にする、～に肥料を与える

121

005 **compost**
[kɑ́mpoust]

名 コンポスト

An increasing number of gardeners are buying **compost** rather than making it themselves.

堆肥を自分で作らずに、むしろ購入する庭師が増えている。

☐ oneself [wʌnsélf]   副 自分自身で (類 by oneself)

Note コンポストとは、堆肥、植物や動物の死骸を短期間で人工的に肥料にしたもの。

006 **algae**
[ǽldʒiː] ※発音注意

名 藻、藻類

In hot weather, the spread of **algae** over the pond happens extremely quickly.

暑い気候では、池の表面の藻はかなり急速に広がる。

カテゴリ別単語 • 自然科学

007 coral reef
[kɔ́ːrəl rìːf]

名 サンゴ礁

Scientists estimate that without immediate action, many **coral reefs** will disappear over the next century.
科学者は、今すぐに行動を起こさないと、多くのサンゴ礁がこれから100年以内に消滅すると予測している。

- □ immediate [imíːdiət] 　　形 即座の
- □ over the next ～ 　　次の～以内に
- □ century [séntʃəri] 　　名 世紀、100年

008 lifespan
[láifspæ̀n]

名 寿命

The **lifespan** of a butterfly is remarkably short once it emerges from its chrysalis.
いったん、まゆから出て来てしまうと、チョウの生存期間は著しく短くなる。

- □ butterfly [bʌ́tərfrài] 　　名 チョウ
- □ remarkably [rimáːrkəbli] 　　副 著しく
- □ remarkable [rimáːrkəbl] 　　形 注目すべき
- □ once [wʌ́ns] 　　接 いったん～すると (類 as soon as)
- □ emerge [imə́ːrdʒ] 　　動 出る、出現する (類 appear)
- □ chrysalis [krísəlis] 　　名 まゆ

関 □ **span** [spǽn] 　　名 期間

123

009 **creature**
[kríːtʃər]

名 生物

■ The nature museum will hold a special exhibit on sea **creatures** and admission is free to local residents.

自然博物館は、海洋生物の特別展示会を開く予定で、地元住民は入場が無料だ。

- □ admission [ædmíʃən] 名 入場(料)
- □ resident [rézidənt] 名 住人
- □ residence [rézidəns] 名 住居

010 **prey**
[préi]

名 獲物 (類 game)　動 捕食する

■ A boa constrictor snake kills its **prey** by wrapping itself around the body and squeezing tightly.

ボア・コンストリクターは、獲物の体に巻きつき、きつく締めつけて殺す。

- □ squeeze [skwíːz] 動 ～を圧搾する、～を締めつける
- 関 □ **predator** [prédətər] 名 捕食動物

011 ecosystem
[íkoʊsìstəm]

名 生態系（類 ecology）

■ Deforestation around the world has had a negative influence on local **ecosystems**.
世界中の森林伐採は、地域の生態系に悪影響を与えてきた。

- deforestation [diːfɔ̀ːristéiʃən] 　　名 森林伐採
  ① 単語の中にforest「森」が入っているので覚えやすい。
- have an influence/impact/effect on　　〜に影響する

012 habitat
[hǽbitæt]

名 生息地

■ When returned to their **natural habitat** from captivity, many animals struggle to cope.
多くの動物は、捕われていた後に自然の生息地に戻されると、適応するのに苦労する。

- captivity [kæptívəti]　　名 捕らわれていること、監禁
- captive [kǽptiv]　　形 捕らえられた　名 捕虜
- capture [kǽptʃər]　　動 〜を捕まえる
- struggle to do　　〜するのに苦労する
- cope [kóup]　　動 うまく処理する
- cope with　　（困難や問題）を処理する
  （類 deal with）

CD1 60

013 **primate**
[práimeit]

名 霊長類

Students at Canton College visited the local zoo to learn more about **primates**.

カントン大学の学生は、霊長類についてもっと多くを学ぶために、地元の動物園を訪れた。

---

014 **species**
[spíːʃiːz]

名 種

The oceans contain many **species** not yet known to mankind.

海には、人類にいまだ知られていない多くの種がいる。

□ mankind [mæŋkáind]　名 人類

Note -sで終わっているが単数形も複数形も同じ形をとる。
a species, two species
means「手段」やseries「連続」も同じように単複同形

カテゴリ別単語 • 自然科学

015 **pesticide**
[péstəsàid]

名 殺虫剤

A new **pesticide** has been developed which offers greater protection against a variety of insects.
さまざまな昆虫をより強力に防ぐ新しい殺虫剤が開発された。

- □ insect [ínsekt] 　　名 昆虫、虫

Note 語源はpest-「害虫」-cide「殺す」なので覚えやすい。
genocide 大量虐殺　geno-「人種」-cide「殺す」
suicide 自殺　sui-「自分」-cide「殺す」

016 **evolution**
[èvəlúːʃən]

名 進化

The origin and **evolution** of life on earth has been a controversial topic for many years.
地球上の生命の起源と進化は、長年の間、論争の的となっているテーマだ。

- □ origin [ɔ́ːrədʒin] 　　名 期限
- □ controversial [kàntrəvə́ːrʃəl] 　　形 論争を呼ぶ
  ⓘ 異なった意見が対立するような話題に対して使う

関
- □ **evolve** [iválv] 　　動 進化する、回転する
- □ **revolution** [rèvəlúːʃən] 　　名 革命

017 digestion
[daidʒéstʃən]

名 消化

■ In today's lesson, we'll be looking at both diet and **digestion** in reptiles.
本日の授業では、爬虫類の食習慣と消化の両方について考察します。

関 □ **digest** 動 [daidʒést] / 名 [dáidʒest]　　動 ～を消化する
　　　　　　　　　　　　　　　　　　　　　　　名 ダイジェスト

018 extinct
[ikstíŋkt]

形 絶滅した

■ The Dodo became **extinct** because it could neither fly nor run away from predators.
ドードーは、飛ぶことも捕食者から逃げることもできなかったので、絶滅した。

□ run away from　　　　　　～から逃げる
□ predator [prédətər]　　　　動 捕食動物 (類 enemy)

カテゴリ別単語 ● 自然科学

019 **dinosaur**
[dáinəsɔ̀ːr]

名 恐竜

A new exhibit at the city museum will feature full scale replicas of several well-known **dinosaurs**.
市立博物館の新しい展示の目玉は、いくつかのよく知られた恐竜の原寸大の複製だ。

□ replica [réplikə]　　　名 複製、レプリカ

020 **unearth**
[ʌ̀nə́ːrθ]

動 〜を掘り出す（類 dig up）

A skeleton has been **unearthed** in China and scientists think it might be a completely new species.
中国で動物の骸骨が発掘され、科学者はそれが完全に新しい種族かもしれないと考えている。

□ skeleton [skélətn]　　名 骨（の総体）、骨格
□ bone [bóun]　　　　　名 骨
□ skin [skín]　　　　　　名 皮
□ flesh [fléʃ]　　　　　　名 肉、肌

021 **mammal**
[mǽməl]

名 哺乳類

■ The blue whale is the largest **mammal** in the world.
シロナガスクジラは、世界最大の哺乳類だ。

□ whale [hwéil]　　　**名** クジラ

mammals [mǽməlz]	哺乳類
reptiles [réptilz]	爬虫類
amphibians [æmfíbiənz]	両生類
fish [fíʃ]	魚類
crustacea [krʌstéɪʃə]	甲殻類
carnivore [káːrnəvɔ̀ːr]	肉食動物
herbivore [ə́ːrbəvɔ̀ːr]	草食動物
omnivore [ámnivɔ̀ːr]	雑食動物
invertebrate [invə́ːrtəbrət]	無脊椎動物
vertebrate [və́ːrtəbrət]	脊椎動物

カテゴリ別単語 • 自然科学

022 infection
[infékʃən]

名 感染症

To avoid **infection**, apply the lotion twice a day to the affected area.
感染症を避けるために、患部に1日2回水薬を塗ること。

| □ apply [əplái] | 動 ～を塗る |
| □ affected [əféktid] | 形 影響を受けた |

| 関 □ **infect** [infékt] | 動 ～に感染させる |
| □ **be infected with** | ～に感染する |

023 hygiene
[háidʒi:n]

名 衛生、清潔に保つこと
(類 cleanliness)

New health and **hygiene** regulations have forced school cafeteria staff to keep a cleaning log on the wall.
新しい保険衛生規則により、学生食堂の職員は壁に清掃記録をつけなくてはいけなくなった。

□ force A to do	Aが～することを強制する
□ log [lɔ́:g]	名 (活動経過の)記録、丸太
	動 ～を記録する

| 関 □ **hygienic** [hàidʒiénik] | 形 衛生的な |

024 sanitation
[sæn ətéiʃən]

名 公衆衛生

■ Poor **sanitation** is a major contributor to the spread of disease in developing countries.
公衆衛生管理の低さが、発展途上国で病気が蔓延する主な原因となっている。

- contributor [kəntríbjutər] 名 原因となるもの、貢献者、献金者
- spread [spréd] 名 蔓延 動 広がる、〜を広げる
- developing country 発展途上国
- developed country 先進国

関 □ **sanitize** [sǽnətàiz] 動 〜を衛生的にする

025 epidemic
[èpədémik]

名 (病気の) 一時的蔓延
形 広まっている

■ To avoid an **epidemic**, hospitals are offering people free vaccinations against influenza.
病気の蔓延を避けるために、病院は人々にインフルエンザの無料の予防接種を提供している。

- vaccination [væksənéiʃən] 名 予防接種
- influenza [ìnfluénzə] 名 インフルエンザ (flu とも言う)

カテゴリ別単語 • 自然科学

026 inject
[indʒékt]

動 注射する

The doctor **injected** the patient with a new type of anti-venom shortly after he was bitten.
医者は患者が噛まれた直後に、新型の抗毒血清を注射した。

- patient [péiʃənt] — **名** 患者 **形** 忍耐強い
- venom [vénəm] — **名** 毒 (**類** poison)
- shortly [ʃɔ́ːrtli] — **副** すぐに (**類** soon)
- bite [báit] — **動** ～を噛む

関 □ injection [indʒékʃən] — **名** 注射

027 physician
[fizíʃən]

名 内科医、医者 (**類** doctor)

If the problems persist, consult a **physician**.
問題が持続するなら、医師の診察を受けてください。

- persist [pərsíst] — **動** 続く (**類** continue, last)
- consult [kənsʌ́lt] — **動** ～に相談する

関 □ surgeon [sə́ːrdʒən] — **名** 外科医
□ surgery [sə́ːrdʒəri] — **名** 手術、外科

Note physicianはもともと内科医の意味だが「医者」の意味で使われる。

028 **outbreak**
[áutbrèik]

名 (伝染病の)突然の流行

With reports of an **outbreak** of influenza, it was decided to provide students with face masks.

インフルエンザの大流行の報告があったので、学生にマスクを提供することが決定した。

029 **remedy**
[rémədi]

名 対策、治療(薬) 動 〜に対処する、〜を治療する(類 cure)

A good night's sleep is the ideal **remedy for** fatigue.

十分な睡眠は、疲労を癒す最高の方法だ。

| fatigue [fətíːg] | 名 疲労 |
| 関 **remedy for** | 〜の対策、〜の治療(薬) |

カテゴリ別単語 • 自然科学

030 **symptom**
[símptəm]

名 症状

A runny nose, cough, and tiredness are **symptoms** of having a cold.
鼻水、咳と疲労は、風邪の症状だ。

- runny nose — 鼻水
- stuffy nose — 鼻づまり
- cough [kɔ́:f] — 名 咳 動 咳をする
- tiredness [táiərdnis] — 名 疲労
- cold [kóuld] — 名 風邪

031 **diagnose**
[dáiəgnòus]

動 〜と診断する

After he was **diagnosed with** stress, Professor Williams decided to take a vacation.
ストレスがたまっていると診断されたので、ウィリアムズ教授は休暇をとることに決めた。

- 関 **diagnose A with B** — A(人)をB(病名)だと診断する
- **diagnosis** [dàiəgnóusis] — 名 診断
- **prescribe** [priskráib] — 動 〜を処方する
- **prescription** [priskrípʃən] — 名 処方箋

病気関連の単語

nausea [nɔ́ːziə]	吐き気
vomit [vámit]	嘔吐
fever [fíːvər]	熱
diarrhea [dàiəríːə]	下痢
constipation [kànstəpéiʃən]	便秘
hemorrhoids [hémərɔ̀idz]	痔
insomnia [insámniə]	不眠症
headache [hédèik]	頭痛
migraine [máigrein]	偏頭痛
diabetes [dàiəbíːtis]	糖尿病
pneumonia [njumóunjə]	肺炎
bronchitis [brɑŋkáitis]	気管支炎
cancer [kǽnsər]	がん
fracture [frǽktʃər]	骨折
heart disease	心臓病
cardiac disease	心臓病
acute [əkjúːt]	急性の
chronic [kránik]	慢性の

032 disaster
[dizǽstər]

名 災害、大失敗

In response to the **disaster**, relief and aid were sent to the affected area to help local citizens.

災害に対応して、地元住民を助けるための救援物資が被災地に送られた。

- □ in response to — 〜に応じて
- □ relief [rilíːf] — 名 救援物資、安堵
- □ relieve [rilíːv] — 動 〜を和らげる
- □ aid [éid] — 名 援助、補助 動 〜を助ける(類 help)
- □ affect [əfékt] — 動 〜に影響する
- □ effect [ifékt] — 名 影響(類 impact, influence)

033 experiment
[ikspérəmənt]

名 実験

As part of the **experiment**, night vision cameras were used to observe the sleeping habits of lions.

実験の一部として、ライオンの睡眠習慣を観察するのに暗視カメラが用いられた。

- □ habit [hǽbit] — 名 習慣
  - ① ある集団のもつ慣習はcustomで個人の習慣や癖はhabitなので注意

034 **copper**
[kάpər]

名 銅

The price of **copper** is expected to fluctuate throughout the next six months.

銅の価格は、今後6ヵ月の間に変動することが予測される。

- fluctuate [flʌ́ktʃuèit]　動 変動する
- throughout [θruːáut]　前 〜じゅう

035 **dirt**
[də́ːrt]

名 土、ほこり

In order to keep the new carpets clean, visitors are asked to remove any **dirt** from their shoes prior to entering.

新しいカーペットをきれいに保つために、訪問者は入室の前に、靴の土を全て落としてください。

- remove A from B　BからAを取り除く
- prior to　〜の前に (類 before)

カテゴリ別単語 ● 自然科学

036 **constellation**
[kànstəléiʃən]

名 星座

Orion is just one **constellation** currently visible in the night sky.
オリオン座は、現在夜空に見えるただ1つの星座だ。

□ visible 形 目に見える(反 invisible)

Note -stella- は star を表す。

037 **equinox**
[íːkwənɑ̀ks]

名 昼夜平分時

The **spring equinox** is soon to begin.
春分がもうすぐ始まる。

関 □ **spring equinox** 春分
□ **autumnal equinox** 秋分

Note equi-「同じ(equal)」-nox「夜(night)」→「昼と夜の時間が同じ」というのが語源。

038 **glacier**
[gléiʃər]

名 氷河

Melting **glaciers** are a major contributor to rising sea levels.
氷河が溶けつつあることが、海面上昇の主な一因だ。

- melt [mélt] — 動 溶ける
- contribute to — 〜の一因

039 **astronaut**
[ǽstrənɔ̀ːt]

名 宇宙飛行士

The **astronauts** sent a video message back to earth.
宇宙飛行士は、地球に戻るためにビデオ・メッセージを送った。

関
- **astronomer** [əstránəmɚ] — 名 天文学者
- **astronomy** [əstránəmi] — 名 天文学
- **astronomical** [ǽstrənámɪk(ə)l] — 形 天文学的数字の、天文学の

カテゴリ別単語 • 自然科学

040 perception
[pərsépʃən]

名 知覚、認識

There is a growing **perception** among employers that university graduates are unprepared for the workplace.
大学の卒業生は職場に対する準備ができていないという認識が、雇用者の間で強まりつつある。

□ unprepared [ʌnpripéərd] 形 準備ができていない

関 □ perceive [pərsíːv] 動 ～を知覚する

041 carbon dioxide
名 二酸化炭素

Carbon dioxide emissions are expected to rise significantly in the future.
二酸化炭素の排出量は、今後かなり増加すると予測されている

□ emission [imíʃən] 名 排出、排出量
□ emit [imít] 動 ～を発する

① -mit は「送る」という意味。remit「送金する」、submit「提出する」と一緒に覚えよう

関 □ carbon [káːrbən] 名 炭素
□ oxygen [ɑ́ksidʒən] 名 酸素

Note dioxide は di-「2」oxide「酸化」→「二酸化物」という意味。

042 corrode
[kəróud]

動 腐食する、徐々に衰える

■ Be careful when handling chemicals in the science laboratory because they can **corrode** work surfaces.
科学実験室で化学薬品を取り扱う時は、作業台を腐食するおそれがあるので注意すること。

□ chemical [kémikəl]	**名** 医薬品、化学物質
	形 化学の
□ work surface	作業台、調理台
□ surface [sə́ːrfis]	**名** 表面
関 □ **corrosion** [kəróuʒən]	**名** 腐食・徐々に弱まること

043 erosion
[iróuʒən]

名 浸食

■ Coastal **erosion** has resulted in a series of cliff falls along the south coast of Britain.
沿岸の浸食により、イギリスの南海岸に沿って、一連の崖崩れが起こった。

□ cliff [klíf]	**名** 崖
関 □ **erode** [iróud]	**動** 〜を浸食する、(金属)を腐食させる

カテゴリ別単語 • 自然科学

044 **simulate**
[símjulèit]

動 〜をまねる、〜のシミュレーションをする

The greenhouse **simulates** natural sunlight at night to encourage more rapid plant growth.
温室は、より急速な植物の成長を促すために、夜間に自然の日光を模倣する。

- □ greenhouse [grí:nhàus]   動 温室、ビニールハウス
- □ greenhouse gas   温室効果ガス

関 □ **simulation** [sìmjuléiʃən]   名 模擬実験、シミュレーション

Note stimulate「〜を刺激する」と混同しないように注意。

045 **space exploration**
名 宇宙探査

The amount of money spent on **space exploration** has fallen in recent years due to the worsening economy.
宇宙探査に使われる金額は、経済の深刻化により近年減少した。

- □ worse [wə́:rs]   動 〜を悪化させる

関 □ **exploration** [èksplɔréiʃən]   名 探査
- □ **explore** [iksplɔ́:r]   動 〜を探検する

● 社会科学

001 invest
[invést]

動 投資する

The university plans to **invest** over two million dollars **in** building maintenance over the next year.
大学は、今後1年間で、建物の補修管理に200万ドルあまりを注ぎこむ予定だ。

関 □ **invest A in B**　　　　　AをBに投資する
　　□ **investment** [invéstmənt]　名 投資
　　□ **investor** [invéstər]　　　名 投資家

002 commercial
[kəmə́ːrʃəl]

形 商業の

The city boasts a thriving **commercial** district.
市は、栄えている商業地区を誇っている。

　　□ **boast** [bóust]　　　　動 ～を誇る (類 be proud of)
　　　　　　　　　　　　　　　 ～を自慢する

① 悪い意味だけではなくいい意味でも使われるので注意

関 □ **residential** [rèzidénʃəl]　形 住宅の
　　□ **industrial** [indʌ́striəl]　　形 産業の

カテゴリ別単語 ● 社会科学

003 patent
[pǽtnt]

名 特許　動 ～の特許を取る

■ A graduate from Felix University has applied for a **patent** for his recent invention.
フェリックス大学の卒業生が、最近発明した物の特許を申し込んだ。

- □ graduate　　　　　　　　　　　名 卒業生　動 卒業する
  名 [ɡrǽdʒuət] / 動 [ɡrǽdʒuèit]
- □ apply for　　　　　　　　　　　～に申し込む
- □ invention [invénʃən]　　　　　　名 発明
- □ invent [invént]　　　　　　　　動 ～を発明する

004 entrepreneur
[ɑ̀:ntrəprənə́:r]

名 起業家

■ In a series of talks, local **entrepreneurs** will be sharing their tips on how to set up a new business.
一連の講演で、地元の起業家は、新しい事業を始める方法についての秘訣を語る予定だ。

- □ a series of　　　　　　　　　　一連の～
- □ share [ʃéər]　　　　　　　　　　動 ～を語る
  ⓘ 「人と意見や考えを共有する」ということは「その意見や考えを語る」ということ
- □ tips [típs]　　　　　　　　　　　秘訣、アドバイス（類 advice）
- □ set up　　　　　　　　　　　　～を創業する、設立する、準備する

Note　entrepreneur は「自分で仕事をすることに enter する人」と覚えておこう。

005 management
[mǽnidʒmənt]
名 管理

Both time and task **management** are important skills for students to manage their workloads.
時間と仕事の両方の管理は、学生が仕事量にうまく対処するために、大事な技術だ。

□ workload [wə́:rklòud] 　名 仕事量

関 □ manage [mǽnidʒ] 　動 〜を管理する、〜を経営する

006 enterprise
[éntərpràiz]
名 企業(類 business)・起業

Construction of the new sports arena will be funded by private **enterprise**.
新しい競技場の建設は、民間企業によって出資される。

Note 「企業」の意味の場合は可算名詞で、「起業」の意味の場合は不可算名詞。

カテゴリ別単語 • 社会科学

007 career path　名 キャリアの進路

After twenty years as a teacher, Robert Atkins has decided to embark on a completely new **career path**.
20年間教職についた後に、ロバート・アトキンスは、全く新しいキャリアの道に進むことに決めた。

□ embark on	〜をはじめる
□ embark [imbá:rk]	動 〜に搭乗する (類 get on, board)
□ disembark [dìsembá:rk]	動 降りる
関 □ **career** [kəríər]	名 キャリア　発音注意
□ **path** [pǽθ]	名 道、進路

008 incentive [inséntiv]　名 奨励するもの、動機 (類 motivation)

Rising car fuel costs provide an **incentive** to commuters to use public transportation instead.
自動車燃料費の高騰は、通勤者が、代わりに公共交通機関を使う動機となっている。

□ fuel [fjú:əl]	名 燃料
□ commuter [kəmjú:tər]	名 通勤者、通学者
□ commute [kəmjú:t]	動 通勤する、通学する
□ public transportation	公共交通機関 (バスや電車など)
□ instead [instéd]	副 代わりに

009 job opening
[dʒáb òupəniŋ]

求人

■ There is a **job opening** for a researcher in the science department.
科学部に研究者の求人がある。

010 revenue
[révənjùː]

名 収入

■ The university's **revenue** has increased by 2.5% over the past year and is expected to rise similarly next year, too.
大学の収入はここ1年で2.5%増加し、来年も同様の増加が見込まれている。

□ income [ínkʌm]	名 所得
□ expenditure [ikspénditʃər]	名 支出
□ increase by	～差上昇する
□ over/for the past/last...	ここ～(時間)
□ be expected to do	～すると期待される
□ similarly [símələrli]	副 同じように

カテゴリ別単語 • 社会科学

011 budget
[bʌ́dʒit]

名 予算

Budget constraints have resulted in the field trip to Seattle being postponed until next year.
予算制約の結果、シアトルへの見学旅行は来年まで延期された。

□ constraint [kənstréint]	名 制限
□ constrain [kənstréin]	動 〜を制限する（類 limit, restrict）
□ field trip	見学旅行、現地調査旅行
□ postpone A until B	AをBまで延期する

012 recruit
[rikrúːt]

動 〜を募集する、採用する（類 hire, employ）

Alchemy Corporation has announced plans to **recruit** 45 new graduates at its head office in Philadelphia.
アルケミー社は、フィラデルフィアの本社に45人の新卒を雇い入れる計画を発表した。

□ head office	本社（類 main office, headquarters）
□ new graduate	新卒（大学を卒業したばかりの人）

013 **bill**
[bíl]

名 請求(額)、法案、勘定、紙幣
動 〜に請求書を送る

The **bill** for redecorating the classrooms is expected to be higher than originally anticipated.
教室の改装の請求額は、当初の見込みより高くなると予期されている。

- redecorate [rì:dékərèit]　動 〜を改装する (類 remodel)

Note　アメリカでは勘定のことを check という。

014 **depression**
[dipréʃən]

名 不況、憂鬱

The great **depression** of the 1930s caused widespread hardship throughout the United States.
1930年代の大恐慌により、アメリカ合衆国中に困窮が広まった。

- widespread [wáidspréd]　形 広く普及している
- hardship [hɑ́:rdʃip]　名 (特にお金による)苦労、困窮

関 □ **depress** [diprés]　動 〜を落胆させる

Note　世界恐慌は the Great Depression と大文字で書かれることも多い。

カテゴリ別単語 • 社会科学

015 portfolio
[pɔːrtfóuliòu]

名 作品見本集、ポートフォリオ

■ Please submit a résumé, three references, and a **portfolio** of your latest work.
履歴書と、3通の推薦状と、最新の仕事のポートフォリオを提出してください。

- □ résumé [rézumèi] 　　名 履歴書
- □ reference [réfərəns] 　　名 推薦状 (類 recommendation)
- □ latest [léitist] 　　形 最新の (類 most recent)

Note　ポートフォリオとは、過去に自分が作った作品をまとめたもの。作家や写真家などは職に応募するときに提出を求められることがある。

016 focus group

名 フォーカスグループ

■ The feedback from the **focus group** indicated that the product's price was too high.
フォーカスグループからのフィードバックでは、製品の価格が高すぎることが指摘された。

- □ feedback [fíːdbæk] 　　名 フィードバック、意見

Note　フォーカスグループとは、商品やサービスを数人の人に見てもらい、それに関して話し合いをしながら意見を述べてもらうマーケティング手法。

151

017 taxation
[tækséiʃən]

名 税収、課税

■ While **taxation** has remained low, government spending has continued to increase.

税収は低いままだが、財政支出は増加し続けている。

関 □ **tax** [tǽks]　　　　名 税金

018 vote
[vóut]

名 投票　動 投票する

■ **A vote on** whether the Albion College should merge with the neighboring Fulford Institute will **be taken** next Monday.

アルビオン大学が近隣のフルフォード研究所と、合併すべきかどうかに関する投票が、来週の月曜日に行われる。

□ merge with　　　　〜と合併する
□ merger [mə́ːrdʒər]　　名 合併

関 □ **take a vote on**　　〜について投票する

カテゴリ別単語・社会科学

019 elect
[ilékt]

動 選出する

■ The Parent Teacher Association will meet next week to **elect** a new chairperson.
PTAは、新しい議長を選出するために、来週会合を開く。

- □ Parent Teacher Association　PTA
- □ chairperson [tʃéərpə̀ːrsn]　**名** 議長

関 □ **election** [ilékʃən]　**名** 選挙

020 city official

市の職員

■ **City officials** are proposing to raise the cost of public transportation by 5% next year.
市の職員は、来年、公共交通機関の費用を5%値上げすることを提案している。

- □ public transportation　公共交通機関

CD1 75

021 mayor
[méiər]

名 市長

■ Helen Watkins, the **mayor** of Cantonville, was present at the opening of the new campus building.

キャントンヴィル市長のヘレン・ワトキンズが、新キャンパスの建物のオープン式典に出席していた。

- present [préznt] 　　形 出席した（補語で）、現在の（名詞の前で）
- presence [prézns] 　　名 出席、存在

022 councilor
[káunsələr]

名 議員

■ Local **councilors** have voted to approve the construction of a new sports center in Regal Town.

地元の議員は、リーガル市の新しいスポーツ・センターの建設を承認することについて、票決した。

- approve [əprúːv] 　　動 ～を承認する
- construction [kənstrʌ́kʃən] 　　名 建設
- construct [kənstrʌ́kt] 　　動 ～を建設する

関 □ **council** [káunsəl] 　　名 議会

023 **diplomat**
[dípləmæt]

名 外交官

Diplomats are in intense negotiations to find a suitable compromise before the trade meeting ends on Thursday.
外交官は、木曜に貿易会議が終結する前に適切な妥協案を見つけられるよう、激しい交渉を行っている。

- □ intense [inténs] 形 激しい
- □ compromise [kámprəmàiz] 名 妥協 動 妥協する
- □ trade [tréid] 名 貿易

関 □ **diplomacy** [diplóuməsi] 名 外交

024 **census**
[sénsəs]

名 国勢調査

A **population census** is held once every ten years and its results are published shortly after.
国勢調査は10年に1回行なわれ、その結果は調査の直後に公表されている。

- □ publish [pábliʃ] 動 ～を公表する、出版する

関 □ **population census** 人口の国勢調査

025 **executive**
[igzékjutiv]

名 行政、(会社の)重役　形 行政の

There are three branches of government in the United States: **executive**, legislative, and judicial.

アメリカ合衆国政府は3権から成る。すなわち、行政、立法、司法だ。

□ legislative [lédʒislèitiv]	名 立法　形 立法の
□ judicial [dʒu:díʃəl]	名 司法　形 司法の
関 □ execute [éksikjù:t]	動 ～を実行する ～の死刑を執行する
□ execution [èksikjú:ʃən]	名 実行、処刑

026 **lawsuit**
[lɔ́:sù:t]

名 訴訟

A **lawsuit** has been filed against the college and its eventual outcome is uncertain.

大学に対して訴訟が起こされたが、その最終結果はまだわからない。

□ eventual [ivéntʃuəl]	形 最終的な
□ eventually [ivéntʃuəli]	副 最終的に
□ outcome [áutkÀm]	名 結果 (類 result)
□ uncertain [Ànsə́:rtn]	形 はっきりしない (反 certain)
熟 □ **file a lawsuit**	訴訟を起こす

027 **ban** [bǽn]
動 ～を禁止する (類 prohibit)
名 禁止

■ Schools throughout the Riverdale district will **ban** the sale of soft drinks on school premises from January 1.

リヴァーデール地区中の学校は、1月1日から、学校の敷地内で清涼飲料の販売を禁止する。

- district [dístrikt] — 名 地区
- premise [prémis] — 名 (建物内も含めた)敷地

028 **enforcement** [infɔ́ːrsmənt]
名 (法律の)実施 (類 law enforcement)

■ The **enforcement** of a night curfew has been announced by the state government.

夜間外出禁止令の施行が、州政府によって発表された。

- curfew [kə́ːrfjuː] — 名 夜間外出禁止令、門限

関
- **law enforcement agent** — 警察官 (類 police officer)
- **enforce** [infɔ́ːrs] — 動 ～を施行する、～を強制する

029 **violation**
[vàiəléiʃən]

名 違反

Any **violation** of the rules will be dealt with severely.
いかなる規則違反も、厳しく対処される。

関 □ **violate** [váiəlèit] **動** ～に違反する

030 **amend**
[əménd]

動 ～を改正する・～を修正する

The government plans to **amend** the constitution next year.
政府は、来年憲法を改正する予定だ。

□ constitution [kὰnstətjúːʃən] **名** 憲法

関 □ **amendment** [əméndmənt] **名** 修正、修正条項

人文科学

001 missionary
[míʃənèri]
名 宣教師

Hundreds of years ago, **missionaries** were sent on long journeys to spread knowledge of their religion.
数百年前、宣教師は彼らの宗教についての知識を広めるために、長い旅へ送られた。

- journey [dʒə́ːrni] 名 旅
- spread [spréd] 動 〜を広げる
- religion [rilídʒən] 名 宗教

関 ― mission [míʃən] 名 使節団、任務

Note キリスト教を伝道する任務を請け負った人たちが missionary だと覚えよう。

002 immigration
[ìməgréiʃən]
名 移住

The population of the United States grew rapidly last century due to **immigration** from Europe and South America.
アメリカ合衆国の人口は、ヨーロッパと南アメリカからの移民のために前世紀に急速に増加した。

関 ― immigrate [íməgrèit] 動 (新しい地へ)移住する
- migrate [máigreit] 動 移住する、渡る
- migratory [máigrətɔ̀ːri] 形 移住性の、遊牧の

CD1 78

003 cave
[kéiv]

名 洞窟

■ Several prehistoric tools have been discovered in a **cave** in southern France.
いくつかの先史時代の道具が、南フランスの洞穴で発見された。

□ prehistoric [prìːhistɔ́rik]　**形** 先史の

Note　文字が生まれてからが history「歴史」でその前は prehistory「先史時代」と呼ぶ。

004 race
[réis]

名 人種、競争

■ Applicants will not be discriminated against on the basis of their gender or **race**.
応募者は、性別または人種に基づいて差別されることはない。

□ discriminate against　〜を差別する
□ on the basis of　〜基づいて
□ gender [dʒéndər]　**名** 性(別)

005 tradition [trədíʃən]
名 伝統

The annual city marathon is a **tradition** that started 35 years ago.
毎年行われる市営マラソンは、35年前に始まった伝統だ。

関 □ **traditional** [trədíʃənl]　形 伝統的な

006 restore [ristɔ́:r]
動 ～を修復する、～を復旧する
(類 recover)

The exterior of the historic Glenford Museum will be **restored to** its former beauty.
歴史的なグレンフォード博物館の外観が、以前の美しい状態に修復される予定だ。

□ exterior [ikstíəriər]　名 外観　形 外側の
□ interior [intíəriər]　名 内側　形 内側の
□ historic [histɔ́:rik]　形 歴史的に重要な
　! historical [histɔ́:rikəl]「歴史の」と意味が違うので注意

関 □ **restore A to B**　AをBの状態に修復する
□ **restoration** [rèstəréiʃən]　名 修復、復旧

007 **customary** [kʌ́stəmèri]
形 習慣的な

It is **customary** in many countries for customers to leave a gratuity.
顧客がチップを置いていくのが、多くの国で習慣となっている。

- gratuity [grətjúːəti] 名 チップ (類 tip)
- 関 **custom** [kʌ́stəm] 名 慣習

008 **indigenous** [indídʒənəs]
形 固有の、生来の

A government panel is to meet and discuss how to help **indigenous** people retain their unique culture.
政府の調査委員会は、先住民が独自の文化を保持するのを助ける方法を検討するために会合を持つ予定だ。

- panel [pǽnl] 名 調査委員団、専門委員団
- retain [ritéin] 動 ～を保持する

カテゴリ別単語 ● 人文科学

009 **norm** [nɔ́ːrm]
名 規範、普通のこと、水準

To prepare for his homestay, Kenji Sasaki learned about the social and cultural **norms** of Australian families
ホームステイの準備のために、ケンジ・ササキはオーストラリア家庭の社会的、そして文化的規範について学習した。

関 □ **social norms** 　　　　社会的規範
　□ **cultural norms** 　　　文化的規範
　□ **normal** [nɔ́ːrməl] 　　形 普通の、正常な
　□ **normalize** [nɔ́ːrməlàiz] 　動 ～を正常化する

Note 「規範」の意味の場合はnormsと-sがつく。

---

010 **displace** [displéis]
動 ～を追放する、～にとって代わる（類 replace）

Displaced refugees from the war zone are crossing the border in search of safer areas.
戦争地域から国を追われた難民たちは、より安全な地域を求めて、国境を渡っている。

　□ border [bɔ́ːrdər] 　　　　名 国境
　□ in search of 　　　　　　～を求めて

関 □ **displacement** 　　　　名 （強制的に）移住させること、解任
　　[displéismənt]

Note dis-「離れて」-place「置く」→「離れた場所に置く」というのが語源。

011 **famine**
[fǽmin]

名飢饉

The recent **famine** in Africa has caused widespread concern around the world.
最近のアフリカの飢饉で、世界中に懸念が広まった。

□ concern [kənsə́ːrn] 　名懸念 動〜を心配させる

関 □ **starvation** [stɑːrvéiʃən]　飢餓(類hunger)

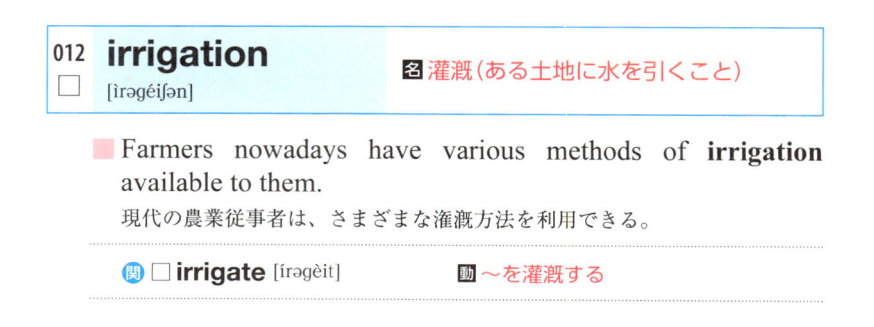

012 **irrigation**
[ìrəgéiʃən]

名灌漑(ある土地に水を引くこと)

Farmers nowadays have various methods of **irrigation** available to them.
現代の農業従事者は、さまざまな灌漑方法を利用できる。

関 □ **irrigate** [írəgèit]　動〜を灌漑する

013 **faith** [féiθ]

名 信仰、信頼 (類 trust)

The Christian **faith** spread throughout the world more rapidly than originally thought.

キリスト教の信仰は、当初の考えよりも、急速に世界中に広まった。

| □ originally [ərídʒənəli] | 副 もともと (類 initially) |

関 □ **faith in** 　　　　　〜への信仰、信頼

014 **sculptor** [skʌ́lptər]

名 彫刻家

An award-winning **sculptor** has been commissioned to design a statue to celebrate the centennial of Ashford University's establishment.

受賞歴のある彫刻家が、アシュフォード大学の設立100周年を祝う像のデザインを、依頼された。

□ commission A to do 　　Aに〜することを依頼する
□ statue [stǽtʃuː] 　　名 像
□ centenary [senténəri] 　　名 100周年記念
　① cent- は「100」を表す　例　century「1世紀」

関 □ **sculpture** [skʌ́lptʃər] 　　名 彫刻

015 **curator**
[kjuəréitər]/[kjúərətər]

名(博物館などの)館長、(動物園の)園長

■ Helen Field is retiring as the **museum curator** after 20 years in the role.
ヘレン・フィールドは、博物館の館長を20年間務めた後、退職する予定だ。

□ role [róul]　　　　　　名 役割、役目

016 **metaphor**
[métəfɔ̀ːr]

名 隠喩(比喩の一種)

■ June Smith's friends use the **metaphor** "a walking dictionary" to describe her because her vocabulary knowledge is immense.
ジューン・スミスの友人は、彼女の莫大な語彙の知識ゆえに、彼女を描写するのに「生き字引」という隠喩を使う。

□ immense [iméns]　　　　　　名 巨大な(類 huge)

カテゴリ別単語 ● 人文科学

017 abstract
[ǽbstrækt]
形 抽象的な

Abstract ideas such as happiness and harmony are the focus of David Dawson's new book.
幸福や調和といった抽象観念が、デイビッド・ドーソンの新しい本の焦点だ。

- harmony [hɑ́ːrməni]　名 調和
- harmonize [hɑ́ːrmənàiz]　動 調和する

関 concrete [kɑ́nkriːt]　形 具体的な

018 optimistic
[àptəmístik]
形 楽観的な

Charles Vermont's French teacher is **optimistic** that he can achieve a high score in the upcoming test.
チャールズ・バーモントのフランス語の教師は、次の試験で高得点を達成できると楽観視している。

関 pessimistic [pèsəmístik]　形 悲観的な
- optimist [ɑ́ptəmist]　名 楽観主義者
- pessimist [pésəmist]　名 悲観主義者

019 ethical
[éθikəl]

形 倫理的な (類 moral)

Students were invited to discuss several **ethical** problems during the class.
学生は、授業中にいくつかの倫理的問題を討論するよう促された。

| □ invite A to do | Aに〜するよう促す |

関 □ **ethics** [éθiks] 名 倫理、倫理学

020 rhyme
[ráim]

動 韻を踏む 名 韻

When trying to write a new poem, Judy Taylor found it easy to find words that **rhymed**.
新しい詩を書こうとした時、ジュディ・テイラーは、韻を踏む単語を見つけるのは簡単だと思った。

□ poem [póuəm] 名 詩
□ poetry [póuitri] 名 詩

! poemは可算名詞だがpoetryは不可算名詞

Note late, fate, awaitのように語末の音を合わせること、right, river, rateのように語頭のアルファベットを合わせることをalliteration「頭韻」という。

021 **virtuous** [və́ːrtʃuəs]
形 道徳にかなった

Marty Thorp is a **virtuous** student who always tries her best to help others.
マーティ・ソープは、他人を助けるために、常に最善を尽くす道徳心のある学生だ。

- 関 □ **vicious** [víʃəs] 形 残忍な
- □ **vicious cycle** 悪循環
- □ **virtue** [və́ːrtʃuː] 名 美徳、善
- □ **vice** [váis] 名 悪

022 **coherently** [kouhíərəntli]
副 首尾一貫して

When writing an opinion essay, it is important to state your points **coherently**.
小論文を書く時は、要点を理路整然と述べることが大事だ。

- □ **state** [stéit] 動 〜を述べる
- 関 □ **coherence** [kouhíərəns] 名 首尾一貫性、結束
- □ **coherent** [kouhíərənt] 形 首尾一貫した (類 consistent)

023 **aesthetically** [esθétikəli]
副 美的に、美しく

With both mountains and rivers visible from the classroom window, the view is **aesthetically** pleasing.
教室の窓から山と川の両方が見えて、眺めが美しく心地良い。

関 □ **aesthetic** [esθétik] 形 美の
□ **aesthetics** [esθétiks] 名 美学

024 **literacy** [lítərəsi]
名 読み書きの能力

Literacy rates have steadily been improving over the past twenty-five years.
識字率は、過去25年間一貫して、良くなってきている。

関 □ **literate** [lítərət] 形 読み書きのできる
□ **illiterate** [ilítərət] 形 読み書きのできない
① literal「文字通りの」literary「文学の」と混同注意

カテゴリ別単語・**人文科学**

025 analogy
[ənǽlədʒi]

名 類似性、類推

■ By drawing an **analogy between** Japan and England, the lecturer was able to highlight cultural differences.
日本とイングランドの類似性を引き合いに出すことで、講師は文化の相違を強調できた。

関 □ **analogous** [ənǽləgəs]　形 類似の (類 similar)

026 sarcastic
[sɑːrkǽstik]

形 皮肉な

■ The teacher's **sarcastic** humor is sometimes misunderstood by his students.
教師の皮肉なユーモアは、学生にときどき誤解される。

関 □ **sarcasm** [sɑ́ːrkæzm]　名 皮肉

● その他の重要単語　　　　　　　　　　　　　　　　　CD2 01

001 **procedure**
[prəsíːdʒər]

名 手順

■ Should the fire alarm sound, follow the correct **procedures** and assemble in front of the building.

もし火災報知器が鳴ったら、正しい手順に従って、建物の前に集合してください。

- Should SV　　　　　　もし〜したら
  = If S should V
- assemble [əsémbl]　　**動** 集まる、〜を組み立てる

002 **press conference**

名 記者会見

■ At a recent **press conference**, the university vice-chancellor announced he would retire after 15 years on the job.

最近の記者会見で、大学副総長は、15年の在職の後に引退すると発表した。

- chancellor [tʃǽnsələr]　　**名** 大学総長
- vice-　　　　　　　　　　副〜
- vice president　　　　　　副社長

003 **photocopy**
[fóutəkɑ̀pi]

名 コピー　**動** ～をコピーする

■ When using the **photocopy machine**, be aware that color copies are more expensive than black and white.
コピー機を使う際は、カラーコピーが白黒より高価であることにご注意ください。

- □ be aware that S V — SがVすることに注意する
- □ expensive [ikspénsiv] — **形** 高価な

関 □ **photocopy machine** — コピー機
（**類** copy machine, photocopier）

004 **interact**
[ìntərǽkt]

動 交流する

■ The City Museum will hold an exhibit on Ancient Rome where children can **interact with** the exhibits.
市立博物館は、子供たちが展示とふれあえる古代ローマの展示会を開催する予定だ。

- □ exhibit [igzíbit] — **名** 展示会、展示品　**動** ～を展示する

関 □ **interact with** — ～とふれあう、交流する
□ **interaction** [ìntərǽkʃən] — **名** 交流

005 **aspect**
[æspekt]

名 面、点（類 respect, regard）

■ The questionnaire asked respondents to rate each **aspect** of the college from "poor" to "outstanding".

アンケートは、大学のそれぞれの面に「悪い」から「非常に良い」まで評価するよう回答者に求めた。

- respondent [rispándənt] 名 回答者
- respond [rispánd] 動 応える
- outstanding [àutstǽndiŋ] 形 特に優れた、未払いの
  ⓘ stand out「際立っている、目立つ」が語源

006 **choir**
[kwáiər] ※発音注意

名 合唱団、聖歌隊（類 chorus）

■ A **choir** has been invited to perform at the annual holiday festival in December.

合唱団は、12月の年次祝日祭へ出演するよう、招待された。

- annual [ǽnjuəl] 形 年に一度の

カテゴリ別単語 • その他の重要単語

007 **urban**
[ə́ːrbən]

形 都市の

■ People who live in **urban areas** often complain about the noise and pollution.
都市部に住んでいる人々は、雑音と汚染についての不満をよく言う。

関 □ **rural** [rúərəl]　　　　田舎の

008 **reasonable**
[ríːzənəbl]

形 合理的な (類 logical)
値段の安い (類 affordable)

■ It is **reasonable** to believe that studying hard will result in a high test score.
一生懸命に勉強すれば、テストで高得点が取れると思うのは、理にかなっている。

□ result in　　　　～という結果になる (類 lead to)

009 stuck
[stÁk]

形 行き詰まった、困った

When asked to describe his strong points, Tim Collins was **stuck** for a good answer.

自らの長所を言うように求められて、ティム・コリンズは上手く答えるのに窮してしまった。

- □ strong point — 長所
- □ weak point — 短所

Note もともとはstick「～を突き刺す、貼り付ける」の過去分詞。

010 update
名[ʌ́pdèit] / 動[ʌ̀pdéit]

名 最新情報　**動** ～を最新のものにする

Weather **updates** are provided every hour on Radio KYCM.

ラジオKYCMでは、天気の最新情報を1時間ごとに提供している。

カテゴリ別単語 ● その他の重要単語

011 **gardener** [gáːrdnər]
名 庭師

Fred Talbot has been employed as a **gardener** for over a decade and continues to take pride in his work.
フレッド・タルボットは10年あまりも庭師として雇われ、自分の仕事に誇りを持ち続けている。

- □ employ [implɔ́i]　**動**〜を雇う（**類** hire, recruit）
- □ decade [dékeid]　**名** 10年
- □ take pride in　〜に誇りを持つ（**類** be proud of）

- 関 □ garden [gáːrdn]　**名** 庭

012 **imply** [implái]
動 ほのめかす（**類** suggest）

Without going into too much detail, the Professor **implied** that the end of term test would be challenging.
あまり詳しくは語らずに、教授は、期末テストが難しくなるとほのめかした。

- □ detail [díːteil]/[ditéil]　**名** 詳細
- □ in detail　詳細に

- 関 □ **implicit** [implísit]　**形** 暗黙の
- □ **explicit** [iksplísit]　**形** 明白な

Note im-「中に」、-ply「折って包む」というのが語源。日本語の「オブラートに包む」に似ているので覚えやすい。

013 **track** [trǽk]
動 ～を追跡する　名 小道

■ If sending valuables by mail, be sure to **track** the item and confirm its delivery.
貴重品を郵送するなら、必ず品物を追跡して配達状況を確かめてください。

- □ valuables [vǽljuəblz] 　名 貴重品
- □ valuable [vǽljuəbl] 　形 価値のある
- □ by mail 　郵送で
  ⓘ 日本語のメールでという意味ではないので注意
- □ be sure to do 　確実に～する
- □ confirm [kənfə́ːrm] 　動 ～を確認する

014 **vehicle** [víːəkl]
名 車両 (類 car, automobile)、媒体

■ All **vehicles** parked on campus must have a valid parking permit displayed on the windshield.
キャンパスに駐車する全ての車両は、有効な駐車許可証をフロントガラスに表示しておかなければならない。

- □ valid [vǽlid] 　形 有効な、効力のある (類 effective)
- □ permit 　名 許可証　動 許可する
  名 [pə́ːrmit] / 動 [pərmít]
  ⓘ 名詞の場合はアクセントがperに、動詞はmitの位置に来る。
- □ permission [pərmíʃən] 　名 許可
- □ windshield [wíndʃiːld] 　名 (車の)フロントガラス

Note vehicleは日本では「乗り物」と訳されることがあるがアメリカでは「車両」のこと。

015 **hallway** [hɔ́ːlwèi]
名 廊下

■ Fire extinguishers are found throughout the college building and in all **hallways**.
消火器は、建物中のあらゆる場所と、全ての廊下にある。

- □ fire extinguisher　　　消火器
- □ extinguish [ikstíŋgwiʃ]　（火）を消す（類 put out）
- □ throughout [θruːáut]　前 〜じゅうに

016 **concern** [kənsə́ːrn]
名 懸念　動 〜を心配させる

■ Although the weather was a **concern**, the graduation ceremony turned out to be a huge success.
天気が心配であったものの、卒業式は大成功に終わった。

- □ graduation ceremony　　卒業式
- □ turn out (to be)　　　〜だとわかる（類 prove (to be)）

017 **imitate**
[ímətèit]

動 〜を模倣する

Despite years of research, it is not possible for scientists to closely **imitate** the sounds made by whales.

長年の研究を経ても、科学者がクジラの出す音を、厳密に再現することはできない。

□ research	名 研究 動 〜を研究する
名 [ríːsəːrtʃ] / 動 [risə́ːrtʃ]	
関 □ **imitation** [ìmətéiʃən]	名 模倣、模倣品

018 **option**
[ápʃən]

名 選択肢

The committee met to discuss the **option** of holding the conference in New York rather than in Boston.

委員会は、ボストンではなく、ニュー・ヨークで会議を開くという選択肢について話し合うために会合を持った。

□ committee [kəmíti]　　名 委員会
　① commit「委託する」+ -ee「される人」→委託された人＝委員会
□ conference [kánfərəns]　名 カンファレンス(大きな公式の会議)
□ rather than　　　　　　〜ではなく

カテゴリ別単語 ● その他の重要単語

019 **observe**
[əbzə́:rv]

動 〜を観察する、見学する、(ルール)を守る (類 follow, comply with)

While doing an internship, Ken Walker had the opportunity to **observe** an actual job interview.
実務研修の間、ケン・ウォーカーには実際の就職面接を見学する機会があった。

- opportunity [àpərtjú:nəti] 名 機会
- job interview 就職面接

020 **angle**
[ǽŋgl]

名 角度

Whatever **angle** you view it from, it is important to protect your eyes when looking at the sun.
どんな角度から見るにしても、太陽を見る時は目を保護することが大事だ。

021 **benefit**
[bénəfit]

動 利益を得る、〜に利益を与える
名 利益

■ Every year, dozens of undergraduates **benefit from** scholarships awarded by the Prince Association.

毎年、何十人もの大学生が、プリンス協会によって授与される奨学金から恩恵を得ている。

□ dozen [dʌ́zn]	名 10(もともとはダース＝12の意味)
□ undergraduate [ʌ̀ndərgrǽdʒuət]	名 大学生、学部生
□ benefit from	〜から利益を得る
□ scholarship [skálərʃip]	名 奨学金
□ award [əwɔ́ːrd]	動 〜に与える 名 賞

022 **botanical garden**

名 植物園

■ Although located near the train station, the **botanical gardens** offer a haven of calm and tranquility.

駅の近くに位置しているにも関わらず、植物園は穏やかで静かな安息地を提供している。

□ be located 〈前置詞句〉	〜にある
□ haven [héivən]	名 安息地、避難所
□ calm [káːm]	名 平穏 形 穏やかな
□ tranquility [træŋkwíləti]	名 静寂
□ tranquil [trǽŋkwil]	形 静かな、穏やかな

カテゴリ別単語 ● その他の重要単語

023 **upcoming** [ʌ́pkʌ̀miŋ]
形 来る、今度の（類 forthcoming）

All places for the **upcoming** lecture tour have been filled and tickets will be distributed to attendees shortly.
今度の巡回講義の全会場は満席となり、チケットはまもなく出席者に配布される。

- ☐ fill [fíl] — 動 〜を埋める
- ☐ distribute [distríbju:t] — 動 〜を配る（類 hand out, pass out）
- ☐ attendee [ətèndí:] — 名 出席者
- ☐ attendance [əténdəns] — 名 出席者数、出席
- ☐ attend [əténd] — 動 出席する

024 **fiscal year**
名 財政年度、会計年度

All reimbursement claims for travel expenses must be submitted before the end of the **fiscal year**.
旅費の払い戻し請求はすべて、財政年度が終わる前に提出されなければならない。

- ☐ reimbursement [rì:imbə́ːrsmənt] — 名 払い戻し
- ☐ reimburse [rì:imbə́ːrs] — 動 〜に払い戻す
  - ① re-「戻」-im-「中」-burse-「袋(purse)」→「袋にお金を入れ戻す」と覚えよう。
- ☐ claim [kléim] — 名 請求 動 (払い戻し)を請求する
- ☐ submit [səbmít] — 動 〜を提出する（類 hand in）

関 ☐ **fiscal** [fískəl] — 形 会計の、財政の

Note 財政年度とは、あるコミュニティが定める年のくくり。 欧米の学校は9月が年度の始めになるが日本は4月が財政年度の始めの月となる。

025 **property**
[prápərti]

名 不動産物件、資産

In order to raise funds, the university is selling off two **properties** it no longer uses.

資金を集めるために、大学は使っていない不動産物件2つを売却する。

□ raise fund	資金を集める
□ sell off	〜を売却する
□ no longer	もはや〜ない
関 □ **real estate**	不動産

026 **generate**
[dʒénərèit]

動 生みだす（類 give rise to）

One way for a university to **generate** income is to allow its facilities to be used by local businesses during the summer break.

大学が収益を生み出す方法のひとつは、その施設を夏季休暇の間に地元企業に使用を許可することだ。

□ term [tə́ːrm]	名 学期、期間、専門用語

027 **adequate**
[ǽdikwət]

形 十分な (類 sufficient 反 inadequate, insufficient)

Without an **adequate** number of students, the field trip to Montgomery will have to be postponed or canceled.

十分な数の学生がいないので、モンゴメリーへの見学旅行は、延期か中止にせざるをえない。

028 **reward**
[riwɔ́ːrd]

名 報酬　動 〜に報酬を与える

The university offers a **reward program** to students and staff who sign the pledge to save energy.

大学は、エネルギーを節約するという誓約書に署名する学生と職員に、報酬プログラムを提供している。

□ pledge [plédʒ]　　名 誓約書、取り決め　動 〜を誓う

関 □ **rewarding** [riwɔ́ːrdiŋ]　　形 やりがいのある

029 sort
[sɔ́ːrt]

動 ～を分類する、仕分ける
名 種類（類 kind）

■ The city asks all residents to **sort** their garbage so that burnable and non-burnable items are separated.

市は、可燃物と不燃物が分けられるように、全市民にゴミの分別を求めている。

- □ garbage [gáːrbidʒ] 　　名 ごみ、生ごみ
  ① trash は紙やがらくたなどの乾いたごみ
- □ burnable [bə́ːrnəbl] 　　形 可燃性の
- □ burnables [bə́ːrnəblz] 　　名 可燃物

030 health care
名 医療、健康管理、健康保険

■ An increasing number of graduates are choosing to enter the **health care** profession in recent years.

医療関係の職に就くことを選択する卒業生が、近年増加している。

- □ profession [prəféʃən] 　　名 職業（類 occupation）

カテゴリ別単語 • その他の重要単語

031 comprehend
[kàmprihénd]

動 理解する（類 understand）

Without seeing it first hand, it is difficult to **comprehend** the size of the mountain range.
じかに見ないで、山脈の大きさを把握するのは難しい。

- (at) first hand　　　直接に、直に
- mountain range　　　山脈

032 in-depth
[indépθ]

形 徹底的な

The documentary on Channel 7 offered an **in-depth** analysis of the current property price boom.
チャンネル7のドキュメンタリーは、現在の不動産価格の高騰に関する徹底的な分析を提供した。

- analysis [ənǽləsis]　　　名 分析
- analyze [ǽnəlàiz]　　　動 ～を分析する
- boom [búːm]　　　名 ブーム、高騰

関
- depth [dépθ]　　　名 深さ
- deep [díːp]　　　形 深い

Note　補語の位置に置かれる場合や副詞の場合は in depth と2語になる。

033 **countless**
[káuntlis]

形 無数の

After **countless** delays, the construction of the new west wing will commence in April.
度重なる遅延の後、新しい西棟の建設が4月に始まる。

□ delay [diléi]	名 遅れ 動 ～を遅らせる
□ wing [wíŋ]	名 棟
□ commence [kəméns]	動 始まる、始める (類 start, begin)

Note count-「数える」-less「できない」→「数え切れないほど多い」という意味なので注意。

034 **archive**
[á:rkaiv]

名 記録、アーカイブ、公文書
動 (文書やデータ)を保管する

While looking through the **archives**, Dr. Foster uncovered some startling discoveries.
記録資料に目を通している時に、フォスター博士はいくつかの驚くべき発見を見出した。

| □ look through | ～に目を通す |
| □ uncover [ʌnkʌ́vər] | 動 ～を明るみに出す、明らかにする (類 reveal) |

① 「coverを取る」と覚えておこう

□ startling [stá:rtliŋ]	形 驚くべき
□ startle [stá:rtl]	動 ～を驚かせる
□ discovery [diskʌ́vəri]	名 発見

035 craftwork
[krǽftwə̀ːrk]

名 工芸、工芸作品

At the local fair, **craftwork** made by local students will be on sale to the public.
地元のフェアで、地元の学生が作った工芸品が一般市民に販売される予定だ。

- be on sale — 売り出される
- to the public — 一般に
- be open to the public — 一般公開される

関 □ **craft** [krǽft]

036 publication
[pʌ̀bləkéiʃən]

名 出版

Professor Donaldson's new physics textbook is due for **publication** at the end of this month.
ドナルドソン教授の新しい物理学の教科書は、今月末に出版予定だ。

- physics [fíziks] — **名** 物理学
- due [djúː] — **形** 予定である、締め切りの
- be due to do — 〜する予定になっている

関 □ **publish** [pʌ́bliʃ] — **動** 〜を出版する
□ **publisher** [pʌ́bliʃər] — **名** 出版社

037 **considering**
[kənsídəriŋ]

前 ~を考慮すれば（類 given）

■ **Considering** its status as the nation's leading nursing college, it is not surprising that courses at Brampton Medical School are often oversubscribed.

国内随一の看護大学としての地位を考えれば、ブランプトン医科大学のコースにしばしば定員を上回る申し込みがあることは意外ではない。

- □ status [stéitəs] 名 地位
- □ leading [líːdiŋ] 形 一流の
  - ① 他を lead する（ひっぱっていく）という意味。leading company「大手の会社」
- □ nursing [nə́ːrsiŋ] 名 看護
- □ oversubscribed [òuvərsəbskráibd] 形 申し込みが多すぎた
- □ subscribe [səbskráib] 動 申し込む、定期購読する

関 □ consider [kənsídər] 動 ~を考慮する

038 **motivate**
[móutəvèit]

動 ~に動機を与える

■ One way to **motivate** students is to explain the benefits of learning and education.

学生にやる気を起こさせる方法の1つは、学習と教育の利点を説明することだ。

関 □ **motivate A to do** A(人)に~する気を起させる
　□ **motivation** [mòutəvéiʃən] 名 動機

039 **fraction** [frǽkʃən]
名 ごく一部、部分

■ Stationery represents just a **fraction** of the total inventory at Wonder Office Supplies.
文房具は、ワンダー・オフィス備品店の全在庫のごく一部である。

- stationery [stéiʃənèri]　名 文房具
- represent [rèprizént]　動 ～を代表する
- inventory [ínvəntɔ̀:ri]　名 在庫

関 □ **fractional** [frǽkʃnl]　形 わずかな、取るに足らない

040 **abandon** [əbǽndən]
動 ～を捨て去る、断念する

■ The excavation site had to be **abandoned** due to the danger of mudslides.
発掘現場は、地すべりの危険のために中止を余儀なくされた。

- excavation [èkskəvéiʃən]　名 発掘
- excavate [ékskəvèit]　動 ～を発掘する
- danger [déindʒər]　名 危険
- mudslide [mʌ́dslàid]　名 地すべり
- mudflow [mʌ́dflòu]　名 土石流
- mud [mʌ́d]　名 泥

041 profession
[prəféʃən]

名 職業（類 occupation）

When asked which **profession** they wished to enter, a majority of respondents indicated law.

どの職業に就きたいかと尋ねられて、大多数の回答者は法律系の職業だと述べた。

□ majority [mədʒɔ́ːrəti]	名 大多数、過半数
□ respondent [rispάndənt]	名 回答者

042 sector
[séktər]

名 セクター、部門

Both the public and private **sectors** were represented at the campus job fair.

公共と民間の両セクターの代表が、大学の就職説明会に参加した。

□ public [pʌ́blik]	形 公の
□ private [práivət]	形 私的な
① 発音注意	
□ represent [rèprizént]	動 ～を代表する
□ job fair	就職説明会

Note sectは「切る」という意味、section「区分、部分」も同じ語源。

カテゴリ別単語 • その他の重要単語

043 cram
[krǽm]

動〜を詰め込む

Many students try to **cram** study before the test but it seldom works.

多くの学生はテストの前に詰め込み勉強をしようとするが、うまくいくことは滅多にない。

- □ seldom [séldəm]　**副**めったに〜ない（**類** hardly ever, scarcely ever）

044 accessible
[æksésəbl]

形到達できる

The library is **accessible** to wheelchair users via a ramp at the south entrance.

図書館は、車椅子の利用者は南口の傾斜路を通って入れる。

- □ wheelchair [hwíːltʃèər]　**名**車いす
- □ via [váiə]　**前**〜を通して（**類** through）
- □ ramp [rǽmp]　**名**傾斜路

関 □ **A ⟨be⟩ accessible to B(人)**　AはB(人)がアクセス/進入できる
- □ **access** [ǽkses]　**名**接近、アクセス　**動**〜に進入する、アクセスする（**類** have access to）

045 **assure** [əʃúər]

動 ～に保証する

■ The mayor **assured** local residents that spending on public libraries would continue to be allocated.

市長は、公立図書館の費用が割り当てられ続けると、地元住民に保証した。

- □ spending [spéndiŋ] 　　　名 支出
- □ allocate [ǽləkèit] 　　　動 ～を割り当てる
- □ allocation [æ̀ləkéiʃən] 　　名 割り当て、配分

関 □ **assure 人 that SV** 　　人にSがVすることを保証する
　□ **ensure that SV** 　　　SがVすることを保証する

Note assureは後ろに人を目的語にとることを押さえておこう。

046 **revise** [riváiz]

動 ～を修正する

■ The academic advisor had to **revise** his report in light of recent developments.

指導教員は、最近の進展を踏まえて、レポートを修正しなければならなかった。

- □ in light of 　　　～を考慮して（類 given, considering）

関 □ **revision** [rivíʒən] 　　名 修正、改定

カテゴリ別単語 • その他の重要単語

047 **delegate**
名[déligət] / 動[déligèit]

名 代表、派遣員　動 ～を派遣する

Delegates to the conference are reminded to wear their identification badges at all times while in the conference center.
会議の代表は、会議場にいる間、常に身分証バッジをつけるよう言われている。

- □ remind 人 to do — 人にするのを思い出させる
- □ identification [aidèntifəkéiʃən] — 名 身分証明
- □ while [hwáil] — 接 ～する間に
  ⚠ ここではwhile they are in the conference centerのthey areが省略されている

関 □ **delegation** [dèligéiʃən] — 名 派遣団

048 **scheme**
[skí:m]

名 計画、陰謀　動 たくらむ

A new **scheme** has been launched by the university to offer assistance to students with disabilities.
障害を持つ学生を援助するために、新しい計画が大学によって開始された。

- □ launch [lɔ́:ntʃ] — 動 ～を始める
- □ disability [dìsəbíləti] — 名 障害

049 note
[nóut]

動 注意する **名** メモ、記録

Please **note** that the library's opening hours will change effective June 1.

図書館の新しい営業時間は6月1日付けで変更になるのでご注意ください。

- □ opening hours　　　　営業時間
- □ effective [iféktiv]　　　**形** 有効な
- □ effective (from) 日付　～から効力を発揮する

  (!) この文ではfromが省略されeffectiveが日付を表す名詞の前に置かれ前置詞的に働いている

関 □ **noted** [nóutid]　　　**形** 著名な (**類** famous)

050 collapse
[kəlǽps]

名 暴落、崩壊　**動** 暴落する、崩壊する

The **collapse** in the price of oil has led to some analysts predicting an economic boom.

石油価格の暴落を受け、一部のアナリストは好景気を予測している。

- □ predict [pridíkt]　　　**動** ～を予測する (**類** forecast)

カテゴリ別単語 • その他の重要単語

051 landmark
[lǽndmɑːrk]

名 目印（となる建物）、ランドマーク

■ The Concorde hotel is one of the biggest and well-known **landmarks** in the city.

コンコルド・ホテルは、市内で最も大きくて、有名なランドマークの1つです。

- □ one of the 複数名詞 　〜のうちの1つ
  - ① 必ず複数名詞が来ることに注意

052 subscription
[səbskrípʃən]

名 定期購読、申し込み

■ If you renew your **subscription to** Science Weekly, you'll receive two issues for free.

サイエンス・ウィークリー誌の定期購読を更新すれば、2号は無料で届きます。

- □ renew [rinjúː]　　　**動** 〜を更新する
- □ issue [íʃuː]　　　　**名** 号
  　　　　　　　　　　動 〜を発行する、（声明など）を出す

関
- □ **subscription to**　〜の定期購読
- □ **subscribe to**　〜を定期購読する
  - ① 前置詞のtoと相性がいいことを覚えておこう

053 **tremendous**
[triméndəs]

形 莫大な (類 enormous, immense, huge, vast)

A **tremendous amount** of work went into the end of year gala, and its success was consequently unsurprising.

年末の催しに莫大な量の労力がつぎこまれたので、その成功は驚くにあたらなかった。

- gala [géilə] 名 お祭り、特別な催し
- consequently [kánsəkwèntli] 副 その結果
- consequence [kánsəkwèns] 名 (悪い)結果

054 **clue**
[klú:]

名 手掛かり (類 hint)

As students were struggling to find the answer, the teacher provided them with a **clue**.

学生が答えを見つけるのに苦労していたので、教師は彼らにヒントを与えた。

- struggle to do 〜するのに苦労する

カテゴリ別単語 • その他の重要単語

055 **given** [gívən]

前 ～を考慮すると (類 considering)

Given the increase in student numbers, it is hardly surprising that the classrooms are somewhat overcrowded.

学生数の増加を考えれば、教室が定員超過気味であることは、少しも驚くことではない。

| □ increase in | ～の増加 |
| □ somewhat [sʌ́mhwʌ̀t] | 副 いくぶん、やや (類 a little) |

056 **virtually** [və́ːrtʃuəli]

副 ほぼ (類 practically, almost)

Virtually all recent graduates have managed to find employment in their chosen fields.

最近の卒業生のほぼ全員が、自分が選んだ分野でなんとか仕事を見つけることができた。

□ manage to do	なんとか～することができる
□ field [fíːld]	名 分野
関 □ **virtual** [və́ːrtʃuəl]	形 実質上の、仮想の

057 **summarize**
[sʌ́məràiz]

動 ～を要約する

■ Page 45 **summarizes** the results and also contains a useful question and answer section.
45ページは調査結果を要約しており、また役立つQ&Aの項もある。

関 □ **summary** [sʌ́məri]   名 要約

---

058 **highlight**
[háilàit]

動 ～を強調する（類 emphasize）
名 ハイライト、呼び物

■ A recent report commissioned by the government has **highlighted** the need for higher spending in education.
最近の政府委託の報告書は、より高い教育費の必要を強調した。

□ commission [kəmíʃən] 動 ～に委託する
                         名 委託、委託手数料、委員会
□ government [gʌ́vərnmənt] 名 政府

関 □ **highlighter (pen)**   蛍光ペン
   ① 蛍光ペンは重要なところに色をつけて強調するペンである

カテゴリ別単語 ● その他の重要単語

059 **altogether**
[ɔ̀ːltəɡéðər]

副 全部で（類 in total）
完全に（類 completely, totally, entirely）

■ With the cost of the flight, hotel, and meals combined, the price is $1,200 **altogether**.
飛行機、ホテルと食事の費用を合わせると、価格は全部で1,200ドルだ。

□ combine [kəmbáin] 　　動 ～を組み合わせる
　① ここではwith＋名詞＋過去分詞「名詞が～されて／されると」の過去分詞の部分にcombinedが使われている

060 **controversial**
[kàntrəvə́ːrʃəl]

形 議論を呼ぶ

■ Although his hypothesis was **controversial**, Dr. Raymond still stood by its conclusion.
彼の仮説は論争の的だったが、レイモンド博士はまだその結論を固持した。

□ hypothesis [haipάθəsis] 　　名 仮説
□ stand by 　　～を守る、支持する

関 □ **controversial topic/issue** 　　議論の余地がある議題／問題
　□ **controversy** [kάntrəvə̀ːrsi | kɔ́n-] 　　名 論争

Note controversial は「死刑」、「早期英語教育」といった反対の意見を生むような議題に使われる

061 **overview**
[óuvərvjùː]

名 概要

Upon starting his talk, the lecturer gave an **overview** of his career to date.

講師は、講義の冒頭で、現在までの自分の経歴の概要を話した。

- upon doing 〜するときに
- lecturer [léktʃərər] **名** 講師
- to date 現在まで (**類** until now)

062 **case study**

名 事例研究、ケーススタディ

In his **case study**, Roger Quigley decided to highlight the growing demand for low-cost housing.

ロジャー・キグリーは、事例研究において、低コスト住宅への需要が高まりつつあることを強調することに決めた。

- housing [háuziŋ] **名** 住宅

Note ケーススタディとは、ある具体的な事例を研究して、一般法則を見つけようとする方法。

カテゴリ別単語 • その他の重要単語

063 concise
[kənsáis]

形 簡潔な

■ Professor Taylor's explanations are always **concise** and easy to understand by students.
テイラー教授の説明は、常に簡潔で、学生に理解されやすい。

Note　concise は、brief「手短」だけども to the point「的を得ている」という意味。

064 intact
[intǽkt]

形 そのままの、損傷を受けていない

■ Although the outside of the box was damaged, its contents remained **intact**.
箱の外側が損傷を受けたものの、中身は元の状態のままだった。

- □ content [kántent]　　名 中身、内容
- □ remain [riméin]　　動 ～のままである

Note　in-「否定」-tact(=touch)→「触れられていない」というのが語源。

065 **way**
[wéi]

副 ずっと (類 much)　名 方法、道

■ Although he finished his dissertation **way** ahead of the deadline, Sam Anderson found it challenging to write.

最終期限のずっと前に論文を終えたものの、サム・アンダーソンは書くのに苦労した。

□ dissertation [dìsərtéiʃən]　名 博士論文
□ challenging [tʃælindʒiŋ]　形 大変な、やりがいのある

Note この way は、too「〜すぎる」や比較級を修飾するときにもよく用いられる口語。
　way/much too big　大きすぎる
　way/much better　ずっといい

066 **outdated**
[àutdéitid]

形 時代遅れの (類 obsolete)

■ Much of the research had to be redone because the methods used were **outdated**.

用いた手法が時代遅れだったため、研究の多くをやり直さなくてはならなかった。

□ redo [rìːdúː]　動 〜をやり直す (類 do again)

カテゴリ別単語 • その他の重要単語

067 **restriction**
[ristrík∫ən]

名 規制（類 limitation）

There are **restrictions** on how much luggage you can take on the flight.
飛行機に乗る際に持ち込める荷物の許容量には、規制がある。

□ luggage [lʌ́gidʒ] 名 荷物（類 baggage）
(!) 不可算名詞

(関) □ **restrict** 動 〜を制限する（類 limit）

068 **aquarium**
[əkwέəriəm]

名 水族館

The admission fee to the city **aquarium** is $5.00 for children and $8.50 for adults.
市営水族館の入場料は、子供が5ドルで大人が8ドル50セントだ。

□ admission (fee) 名 入場料
[ædmí∫ən (fíː)]

205

069 audio script　音声スクリプト

The audio script to the listening section of the test is available at the back of the book.
テストのリスニング・セクションの音声スクリプトは、本の後ろにあります。

関 □ **transcript** [trǽnskript]　名 音を文字に起こしたもの、写し（類 copy）

Note　audio script とは、音声の内容を文字にしたもの

070 transportation [trænspərtéiʃən]　名 交通機関、輸送、運送

Public transportation is a safe and reliable way to travel throughout the city.
公共交通機関は、安全で信頼できる市内の移動手段だ。

□ **reliable** [rilάiəbl]　形 信頼できる（類 dependable）

関 □ **transport** [trænspɔ́ːrt]　動 ～を輸送する、～を運ぶ

Note　transportation は、不可算名詞なので要注意。イギリスでは名詞も transport。

カテゴリ別単語 • その他の重要単語

071 **equipment**
[ikwípmənt]

名 機器、設備　⚠ 不可算名詞

All **equipment** breakages must be reported immediately so that repair can be organized.
全ての機器の破損は、修理の手配ができるようすぐに報告すること。

□ breakage [bréikidʒ]　名 破損、破損個所

関 □ equip [ikwíp]　動 〜を備え付ける
□ **equip A with B**　AにBを備え付ける

072 **pressing**
[présiŋ]

形 差し迫った、急を要する
(類 immediate)

If you have a **pressing** issue, feel free to talk to your teacher after the class.
急を要する問題がある場合は、遠慮なく授業の後に講師と話してください。

□ issue [íʃuː]　名 問題(類 problem)　動 〜を発行する

073 volatile
[vάlətl]

形 不安定な (類 unstable)

The volcano is still active and **volatile** so exercise caution when visiting it.
火山はまだ活発で不安定なので、訪れる際は注意してください。

□ exercise [éksərsàiz]	動 〜を用いる、〜を行使する、運動する
	名 運動、練習、使用
□ caution [kɔ́ːʃən]	名 用心、警告　動 〜に警告する

関 □ **volatile economy** 　　不安定な経済

074 pause
[pɔ́ːz]

動 ちょっと休止する　名 休止、中断

Let's **pause** for a moment before we move to the next topic.
次のトピックへ移る前に、ちょっと休憩しましょう。

□ for a moment　　　少しの間

カテゴリ別単語 • その他の重要単語

075 **rush** [rʌ́ʃ]
名 急ぐこと　動 急ぐ（類 hurry）

There is no **rush** to finish the report, but the sooner, the better.
レポートを終えるのに急ぐ必要はありませんが、早ければ早いほど良いです。

- □ the sooner, the better　早ければ早いほど良い

076 **eliminate** [ilímənèit]
動 ～を排除する、脱落させる

Several competitors were **eliminated from** the contest for breaking the rules.
出場者の何人かは、コンテストのルールを破ったために失格となった。

- □ competitor [kəmpétətər]　名 出場者、競争相手
- □ break a rule　ルールを破る

関 □ **elimination** [ilìmənéiʃən]　名 排除

077 **emphasize**
[émfəsàiz]

動 ～を強調する
(**類** put an emphasis on)

■ I cannot **emphasize** enough the importance of this research.
この研究の重要性は、いくら強調しても足りません。

| □ cannot V... enough | ～をしてもしすぎることはない |

| **関** □ **emphasis** [émfəsis] | **名** 強調 |

078 **identity**
[aidéntəti]

名 身元、アイデンティティ

■ The IT department at Felix University has developed a new software application that can recognize a person's **identity** using voice recognition.
フェリックス大学の情報技術部は、音声認識を使って人物の身元を認識できる新しいソフトアプリを開発した。

| □ voice recognition | 音声認識 |

| **関** □ **identify** [aidéntəfài] | **動** ～の身元を確認する、～を特定する |
| □ **identification** [aidèntifəkéiʃən] | **名** 身分証明書、身元証明 |

079 thrive
[θráiv]

動 (植物が)繁茂する、(産業や国など)が繁栄する

■ Vegetation **thrives** and grows quickly in lush, tropical climates such as in the Amazon basin.

植物は、アマゾン川流域のような草木の繁った熱帯気候の中では、急速に生育する。

□ vegetation [vèdʒətéiʃən]	**名** (ある地域の)植物	⚠ 不可算名詞
□ lush [lʌʃ]	**形** 草木の茂る	
□ tropical [trápikəl]	**形** 熱帯の	
□ basin [béisn]	**名** (川の)流域	

080 isolate
[áisəlèit]

動 ～を隔離する

■ Those infected with the disease were immediately **isolated** so as to avoid an epidemic.

流行を避けるために、病気の感染者はただちに隔離された。

□ so as to do　　～するために

🔵 □ **isolation** [àisəléiʃən]　　**名** 隔離

081 noble
[nóubl]

形 高貴な、崇高な

All funds raised by the students at Brampton College will be donated to worthwhile and **noble** causes.

ブランプトン大学の学生の集める基金は全て、価値ある崇高な目的のために寄付される。

- □ raise a fund　　　　　　　資金を集める
- □ worthwhile [wə́:rθhwáil]　形 価値のある
- □ cause [kɔ́:z]　　　　　　　名 目的
  　　　　　　　　　　　　　　（何かしらの変化をもたらすためもの）

  ⚠ good cause「よい目的」と言えば普通、誰かを助けるための行い

- □ for / in the cause of　　　～のために

  例 for the cause of human right　人権のために

082 wealthy
[wélθi]

形 裕福な（類 rich）

The construction of the new annex is largely due to generous donations from **wealthy** alumni.

新しい別館の建設は、主に裕福な卒業生からの多額の寄付のおかげだ。

- □ annex [ǽneks]　　　　　　名 別館、付属物
- □ generous [dʒénərəs]　　　形 気前のよい、寛大な

  ⚠ 気前よくお金をたくさんくれるということ

- 関 □ **wealth** [wélθ]　　　　　名 富
- □ a wealth of ～　　　　　　豊富な～

083 **meaningful**
[míːniŋfəl]

形 有意義な、意味のある

After the discussion on ethics, most students said that it had been **meaningful** and informative.

倫理に関する討議の後、ほとんどの学生は、それが有意義で有益だったと言った。

Note meaning「意味」が入っているので覚えやすい。

084 **sustainable**
[səstéinəbl]

形 持続可能な

Scientists wonder whether current levels of population growth are **sustainable**.

科学者は、人口増加の現在のレベルが持続可能かどうか疑問に思っている。

関 □ **sustain** [səstéin]　　動 〜を維持する

Note sus- = sub-「下」、-tain「持つ」→「下から支える」というのが語源。

085 **exclusively**
[iksklú:sivli]

副 もっぱら、独占的に (類 only)

Professor Johnson's new book focuses **exclusively** on European history from 1850 to 1900.

ジョンソン教授の新しい本は、1850年から1900年までのヨーロッパ史のみに焦点を絞っている。

関 □ **exclusive** [iksklú:siv]　　形 独占的な
　　□ **exclude** [iksklú:d]　　動 ～を排除する

Note　ex-「外」、-clude = close「閉める」→「外に閉め出す」というのが語源。

086 **hands-on**

形 実地の

During his internship at Relton Garage, Charles Taylor not only observed the mechanics but also gained some **hands-on experience**, too.

チャールズ・テイラーは、レルトン・ガレージでの研修期間に、整備士を見学するだけでなく、いくらかの実地経験も得られた。

　　□ mechanic [mikǽnik]　　名 機械工、整備士

Note　実地とは、見たり聞いたりするだけでなく、実際に触れたり経験することを表す。

087 **heritage**
[hérɪtɪdʒ]

名 遺産、相続財産

■ Several locations throughout the country have been nominated as new **world heritage sites**.
国中のいくつかの場所が、新しい世界遺産地の候補として挙げられた。

- nominate [nɑ́mənèɪt] 動 ～を候補に指名する、ノミネートする、任命する
- 関 world heritage site 世界遺産地

088 **warning**
[wɔ́ːrnɪŋ]

名 警告

■ Professor Gregson **issued** a strong **warning** to students that plagiarism would not be tolerated.
グレッグソン教授は、学生に盗用行為は容認しないという強い警告を出した。

- plagiarism [pléɪdʒərìzm] 名 盗用
- plagiarize [pléɪdʒəràɪz] 動 ～を盗用する
- 関 warn [wɔ́ːrn] 動 ～に警告する

089 **enhance**
[inhǽns]

動 〜を改良する（類 improve）
〜を高める（類 increase）

■ Some simplified charts will **enhance** this presentation.
簡略化された図表があれば、このプレゼンテーションはさらに良くなるでしょう。

- □ simplify [símpləfài] 　　動 〜を簡潔にする
- □ chart [tʃɑ́ːrt] 　　名 図表

090 **numerous**
[njúːmərəs]

形 多くの（類 many）

■ Due to **numerous** complaints, the food options in the student cafeteria have been expanded.
多くの不満があったため、学生用カフェテリアの食べ物の選択肢が広がった。

- □ expand [ikspǽnd] 　　動 〜を拡大する

Note numer が number「数」とスペルが似ているので覚えやすい。

カテゴリ別単語 • その他の重要単語

091 overwhelm
[òuvərhwélm]

動 〜を圧倒する

■ Despite assistance from his colleagues, Ken Davies was **overwhelmed** by his workload.

同僚の助力にもかかわらず、ケン・デイヴィスは仕事の量に圧倒されていた。

- □ workload [wə́:rklòud] 　　名 仕事量

関 □ **overwhelming** 　　形（数や量などが）圧倒的に多い
　　　[òuvərhwélmiŋ]

---

092 book signing
サイン会

■ At a recent **book signing**, renowned anthropologist, Jeremy Simm, gave a short talk about his new title.

最近の本のサイン会で、有名な人類学者のジェレミー・シムは、新刊について短い講演をした。

- □ renowned [rináund] 　　形 著名な
- □ anthropologist [æ̀nθrəpálədʒist] 　　名 人類学者
- □ anthropology [æ̀nθrəpálədʒi] 　　名 人類学

関 □ **autograph** [ɔ́:təgræ̀f] 　　名（有名人の）サイン
　　　　　　　　　　　　　　動（有名人が）〜にサインする

□ **signature** [sígnətʃər] 　　名（契約書などの）署名

□ **sign** [sáin] 　　動（契約書など）に署名する、（有名人が）〜にサインする　名 兆候、看板

① 名詞のsignに有名人のサインの意味はないので注意

093 setting
[sétiŋ]

名 環境、状況、設定

The new cafeteria on the 2nd floor offers an ideal **setting** for a relaxing and pleasurable lunch.

2階の新しいカフェテリアは、くつろぎながら気持ちのよい昼食をするのに、理想的な環境だ。

- pleasurable [pléʒərəbl]   **形** 気持ちのよい（類 pleasant）
- pleasure [pléʒər]   **名** 楽しみ、満足感

---

094 minimize
[mínimàiz]

動 ～を最小限にする

In order to **minimize** congestion, a new parking system has been implemented on campus.

混雑を最小限にするために、キャンパスで新しい駐車システムが実施された。

- congestion [kəndʒéstʃən]   **名** 混雑、渋滞
  - ① congestionは不可算名詞、traffic「交通」も不可算名詞。しかしtraffic jam「渋滞」は可算名詞なので注意
- implement [ímpləmènt]   **動** ～を実施する、実行する
- implementation [ìmpləmentéiʃən]   **名** 実施、履行

関 □ **maximize** [mǽksəmàiz]   ～を最大限にする

Note congestionは不可算名詞、traffic「交通」も不可算名詞。しかしtraffic jam「渋滞」は可算名詞なので注意。

095 ongoing
[ɑ́ngòuiŋ]

形 進行中の

■ Tom Langley's **ongoing** research into primates has yet to yield any tangible conclusions.
トム・ラングリーが行なっている霊長類の研究は、いまだ何の具体的な結論も出していない。

- □ have yet to do — まだ〜ない（類 have not done yet）
- □ yield [jíːld] — 動 〜を生む
- □ tangible [tǽndʒəbl] — 形 明白な、疑いの余地のない（反 intangible）

096 abrupt
[əbrʌ́pt]

形 ぶっきらぼうな、突然の

■ Although his manner can appear **abrupt**, Professor Jenkins is actually very friendly.
態度は無作法に見えるものの、ジェンキンズ教授は、実は非常に親しみやすい。

- □ manner [mǽnər] — 名 態度、方法
- □ appear (to be) — 動 〜のように見える（類 seem (to be)）
- 関 □ **abruptly** [əbrʌ́ptli] — 副 ぶっきらぼうに、突然（類 suddenly）

097 **compensate**
[kάmpənsèit]

動 〜に補償する

■ The university will financially **compensate** any student whose lectures are affected by the ongoing renovation work.

大学は、現在の改築作業で講義が影響を受ける全ての学生に、金銭的補償を行なう。

- □ affect [əfékt] 動 〜に影響を与える
- □ effect [ifékt] 名 影響
- □ renovation [rènəvéiʃən] 名 改装

関 □ **compensate A for B**　A(人)にBに対して補償する

---

098 **portion**
[pɔ́ːrʃən]

名 部分

■ Please keep the bottom **portion** of the ticket in order to reenter the building during the performance.

公演中に建物に再入場するために、チケットの一番下の部分を取っておいてください。

- □ reenter [riːéntər] 動 〜に再入場する

099 commemorate
[kəmémərèit]

動 ～を記念する、～を追悼する

■ A ceremony will be held next Monday to **commemorate** the second anniversary of the disaster.
災害の2周年を記念して、来週の月曜日に式典が開催される。

- anniversary [æ̀nəvə́ːrsəri]　名 (毎年の)記念日、記念祭
- disaster [dizǽstər]　名 災害

100 exaggerate
[igzǽdʒərèit]

動 ～を誇張する

■ The significance of this new research on global warming cannot be **exaggerated**.
地球温暖化に関するこの新しい研究の重要性は、いくら強調しても足りない。

- significance [signífikəns]　名 重要性 (類 importance)
- significant [signífikənt]　形 重要な (類 important)

関 □ **exaggeration**　名 誇張
[igzæ̀dʒəréiʃən]

101 establish
[istǽbliʃ]

動 ～を設立する（類 found）

■ Early settlers in North America **established** settlements close to fresh water sources.
北アメリカの初期の開拓者は、真水の水源の近くに居住地を設けた。

- settler [sétlər] — 名 移住者
- settlement [sétlmənt] — 名 定住、開拓地、決定、和解
- settle [sétl] — 動 定住する、移住する、～を決定する、～を解決する
- source [sɔ́ːrs] — 名 資源

関 **establishment** [istǽbliʃmənt] — 名 設立、設置、(店、会社、学校、病院、ホテルなどの)設立物

102 reputation
[règpjutéiʃən]

名 評判

■ Calderton University has a **reputation for** excellence in physics, chemistry, and biology.
カルダートン大学は、物理、化学と生物において優秀だという評判を得ている。

- excellence [éksələns] — 名 優秀さ
- excellent [éksələnt] — 形 優れた

関 **reputation for** — ～で評判
be reputed for — ～で評判である

カテゴリ別単語 ● その他の重要単語

103 expel
[ikspél]

動 ～を退学させる、～を免職にする

The school decided to **expel** the student because of his bad behavior.
学校は、素行の悪い学生を退学させることに決めた。

関 □ **be expelled from(/kicked out of) school**
退学処分になる

□ **suspend** [səspénd] 動 ～を停学させる
□ **leave(/drop out of) school** 中退する

104 assess
[əsés]

動 ～を評価する(類 evaluate)

At the end of the academic year, students at Grange College are asked to **assess** the teachers and the quality of their lessons.
学年度末に、グレーンジ大学の学生は、教師と授業の質を評価するよう求められる。

関 □ **assessment** [əsésmənt] 名 評価(類 evaluation)

223

105 density
[dénsəti]

名 密度

A new report suggests that **population density** in Bridge Town will continue to grow over the next decade.

新しい報告は、ブリッジ市の人口密度が今後10年間、上昇し続けることを示している。

☐ decade [dékeid] — 名 10年

関 ☐ dense [déns] — 形 密集した

106 crucial
[krúːʃəl]

形 重大な、決定的な

Because it was such a **crucial** decision, the committee met several times to discuss it.

非常に重大な決断だったので、委員会は話し合いのために、何度か会合を開いた。

☐ committee [kəmíti] — 名 委員会

① commit「委託する」-ee「される人」というのが語源

カテゴリ別単語 • その他の重要単語

107 dispose
[dispóuz]

動 捨てる

■ Please **dispose of** your garbage in the correct container.
正しい容器でゴミを捨ててください。

□ garbage [gá:rbidʒ]	名 (アメリカでは主に台所で出る生ごみなどの)ゴミ
□ trash [trǽʃ]	名 (紙くずなどの)ゴミ
□ litter [lítər]	名 (公共の場所に散らかっている)ゴミ 動 ～を散らかす

関 □ **dispose of** 　～を捨てる (類 discard, throw away)

108 derive
[diráiv]

動 ～を得る、由来する

■ Much knowledge can be **derived from** books but not all of it is entirely accurate.
多くの知識は本から得られるが、そのすべてが完全に正確とは限らない。

| □ entirely [intáiərli] | 副 完全に |

関 □ **derive A from B** 　BからAを得る
　 □ **derive from** 　～に由来する (類 originate from)

225

109 extract
[ikstrǽkt]

動 ～を抜き出す、抽出する

■ The dentist said that he would **extract** the tooth **from** the patient.
歯科医は、患者の歯を抜くと言った。

- dentist [déntist] 　　名 歯医者
- patient [péiʃənt] 　　名 患者　形 忍耐強い

関 **extraction** [ikstrǽkʃən] 　　名 引き抜くこと、抽出

Note　extraction は、ex-「外に」-tract「引く」が語源。

110 shelter
[ʃéltər]

名 避難所、保護（施設）

■ During the winter months, several students at Albion College help at a local homeless **shelter**.
冬の数か月間、アルビオン大学の数人の学生は、地元のホームレス救済施設を手伝う。

111 charity
[tʃǽrəti]

名 慈善、慈善団体

■ All proceeds from the auction will go to local **charities**.
競売の収益は全て、地元の慈善団体に寄付される。

- □ proceeds [prəsíːdz] **名** 売り上げ
- □ proceed [prəsíːd] **動** 進む
- □ auction [ɔ́ːkʃən] **名** オークション

112 strategy
[strǽtədʒi]

名 戦略、計画

■ The best **strategy for** passing any test is to study hard and to have self-confidence.
どんなテストでも合格するための最善策は、一生懸命に勉強して自信を持つことだ。

- 関 □ **strategic** [strətíːdʒik] **形** 戦略的な

113 **allowance**
[əláuəns]

名 小遣い、手当

■ To help pay for textbooks and other expenses, Natalie Hall's parents decided to increase her **allowance**.
教科書や他の費用の支払いのため、ナタリー・ホールの両親は、彼女の小遣いを増やすことに決めた。

Note allowには「(お金や時間)を与える」という意味がある。

114 **certificate**
[sərtífikət]

名 修了証書

■ All those who complete the cycling proficiency course will receive a **certificate**.
サイクリングの熟練コースを修了する全ての人々は、修了証書を受け取る。

- □ proficiency [prəfíʃənsi]　　名 熟達、技量
- □ proficient [prəfíʃənt]　　形 熟達した (類 skilled)
  - 例 He is proficient in foreign languages.　彼は外国語が堪能である。

関 □ **gift certificate**　　商品券
　□ **certify** [sə́ːrtəfài]　　動 〜に証明書を与える、〜を証明する

Note TEAPのスコアや英検の級の証明書はcertificateでlicense「免許証」ではない。

カテゴリ別単語 • その他の重要単語

115 **proofread** [prúːfrìːd]
動 ～を校正する

In order to locate any errors, Professor Davidson asked his colleague to **proofread** his new book.
どんな誤りも見つけるために、デーヴィッドソン教授は、自分の新刊の校正を同僚に頼んだ。

関 **proofreading** [prúːfrìːdiŋ] **名** 校正
proofreader [prúːfrìːdər] **名** 校正者

Note 校正とは、本や論文などの間違いがないか確認すること。

116 **accuracy** [ǽkjurəsi]
名 正確さ

Using a calculator to work out difficult sums is one way of improving **accuracy**.
難しい合計を出すのに計算機を使うことは、正確度を高める方法の1つだ。

calculator [kǽlkjulèitər]	**名** 計算機
work out	～を計算する、～を理解する、～を解決する
sum [sʌ́m]	**名** 合計

関 **accurate** [ǽkjurət] **形** 正確な
accurately [ǽkjurətli] **副** 正確に

117 seek
[síːk]

動 ～を探し求める
(**類** look for, search for)

■ Vale University is **seeking** an experienced part-time lecturer for the next academic year.
ヴァレー大学は、来学年度のために、経験豊かな非常勤講師を探している。

□ experienced [ikspíəriənst]　**形** 経験豊かな

118 authentic
[ɔːθéntik]

形 本物の (**類** real)

■ Some recently discovered ancient cave paintings were proved to be **authentic**.
最近発見されたいくつかの古代の洞窟壁画は、本物であると証明された。

□ ancient [éinʃənt]　**形** 古代の

関 □ **authenticity** [ɔ̀ːθentísəti]　**名** 本物であること

119 specify
[spésəfài]

動 ～を明記する、～を具体的に述べる

■ Please **specify** whether or not you will be requiring a parking space on campus.
あなたがキャンパスで駐車スペースを必要とするかどうかを明記してください。

関 □ **specific** [spisífik]　**形** 特定の、明確な

120 altitude
[ǽltətjùːd]

名 高度

■ From a high **altitude**, the view of planet Earth is spectacular.
高い高度から見ると、地球という惑星の景観は素晴らしい。

□ spectacular [spektǽkjulər]　**形** (眺めなどが)素晴らしい、(成功などが)目覚ましい

121 label
[léibəl] ※発音注意

名 ラベル
動 ～にラベルを貼る

■ Before using chemicals in the laboratory, it is important to carefully read the **label** on the bottle.
実験室の化学製品を使用する前に、ビンのラベルを注意深く読むことは重要だ。

| □ chemical [kémikəl] | **名** 化学物質 |
| 関 □ label A as B | AにBというレッテルを貼る、烙印を押す |

122 flavor
[fléivər]

名 味　**動** ～に味を付ける（**類** season）

■ There are three **flavors** of ice cream available; strawberry, vanilla, and chocolate.
アイスクリームはイチゴ、バニラとチョコレートの3つの味が選べる。

カテゴリ別単語 • その他の重要単語

123 backpack
[bǽkpæk]

名 リュックサック

■ John Taylor decided to buy a new **backpack** in which to store his stuff.

ジョン・テイラーは、持ち物を入れておく新しいリュックサックを買うことに決めた。

□ stuff [stʌ́f]   **名** もの

124 complimentary
[kàmpləméntəri]

形 無料の (類 free)

■ **Complimentary** tea and coffee will be available during the seminar.

セミナーの間は無料のお茶とコーヒーが飲める。

125 notable
[nóutəbl]

形 注目に値する、著名な

■ Perhaps the most **notable feature** of the university is its proud history of sporting success.
おそらく大学の最も顕著な特徴は、スポーツで活躍してきた誇り高い歴史だ。

□ feature [fí:tʃər]	名 特徴 動 ～を特徴とする
関 □ note [nóut]	動 ～に注意を払う、～に言及する
□ noted [nóutid]	形 著名な（類 famous, renowned）

126 accuse
[əkjú:z]

動 ～を非難する

■ Do not **accuse** someone **of** cheating in a test unless you have sufficient evidence.
十分な証拠がない限り、誰かがテストで不正をしたと非難すべきではない。

□ sufficient [səfíʃənt]	形 十分な
□ sufficiently [səfíʃəntli]	副 十分に
□ evidence [évədəns]	名 証拠
□ evident [évədənt]	形 明白な
関 □ accuse A of B	BのことでAを非難する（類 blame A for B）

127 **timid**
[tímid] 形 臆病な

Pandas are well known for being very **timid** animals.
パンダは、非常に臆病な動物としてよく知られている。

□ be known for　　〜で知られている

128 **vulnerable**
[vʌ́lnərəbl] 形 もろい、脆弱な

The university's computer network **is vulnerable to** attack and requires frequent monitoring.
大学のコンピューター・ネットワークは攻撃に弱いので、頻繁な監視が必要だ。

関 □ **be vulnerable to**　　〜に弱い
　　□ **vulnerability** [vʌ̀lnərəbíləti] 名 脆弱性、もろさ

129 stereotype
[stériətàip] 名 固定観念

When dealing with people from other countries, it is important not to rely on national **stereotypes**.
他の国からの人々に対応する際は、国籍の固定観念に頼らないことが大切だ。

130 recreation
[rèkriéiʃən] 名 気晴らし、娯楽

Students are welcome to use the **recreation** area during lunch hours.
学生は、昼食時間の間、自由に休憩所を使用できる。

- be welcome to do　　自由に〜してよい

関 □ **recreational** [rèkriéiʃənəl] 形 娯楽の

カテゴリ別単語 • その他の重要単語

131 **unfortunately**
[ʌ̀nfɔ́ːrtʃənətli] 　副 残念ながら

■ **Unfortunately**, the three o'clock lecture on biodiversity has been canceled.
残念ながら、生物学的多様性についての3時の講義は中止された。

- biodiversity　名 生物学的多様性
  [bàioudaivə́ːrsəti]

- 関 **fortunately** [fɔ́ːrtʃənətli]　副 幸運にも
- **unfortunate** [ʌ̀nfɔ́ːrtʃənət]　形 不幸な
- **fortunate** [fɔ́ːrtʃənət]　形 幸運な

132 **ironically**
[airánikəli]　副 皮肉にも

■ **Ironically**, John Taylor was the hardest working student in the class yet received the lowest score in the end of term test.
皮肉にも、ジョン・テイラーはクラスで最も勤勉な学生でありながら、学期末テストで最も低い点を取った。

- yet [jét]　接 しかし（類 but）

- 関 **irony** [áiərəni]　名 皮肉

133 **authority**
[əθɔ́:rəti]

名 権威者（**類** expert）、権威

■ Professor Atkinson is a leading **authority** on the topic of renewable energy.
アトキンソン教授は、再生可能エネルギーの問題に関する第一人者だ。

| □ renewable [rinjú:əbl] | **形** 再生可能な |

関 □ **author** [ɔ́:θər] — **名** 著者
□ **authorize** [ɔ́:θəràiz] — **動** 〜に権限を与える

134 **expedition**
[èkspədíʃən]

名 （調査）旅行、遠征

■ A planned **expedition** to Siberia had to be postponed because of adverse weather conditions.
予定されていたシベリアへの調査旅行は、悪天候のため延期せざるをえなかった。

□ adverse [ædvə́:rs] — **形** 不都合な
□ adversely [ædvə́:rsli] — **副** 逆に、悪く

関 □ **expedite** [ékspədàit] — **動** 〜を早める（**類** hasten）

135 conservation
[kɑ̀nsərvéiʃən]

名 (資源の)保存、(自然の)保護

As part of its energy **conservation** measures, Alton University will commit to reduce electricity consumption by 20% next year.

省エネ対策の一環として、アルトン大学は、来年の消費電力を20％減らすと誓約します。

- measure [méʒər] 名 対策
- commit to do ～すると約束する
- consumption [kənsʌ́mpʃən] 名 消費

関 **conserve** [kənsə́ːrv] 動 ～を保全する

136 comfort
[kʌ́mfərt]

名 快適さ 動 ～を慰める

Using the Internet, it is now possible to work from the **comfort** of one's own home.

インターネットを使用すれば、今や自宅にいながら快適に仕事をすることが可能だ。

関 **comfortable** [kʌ́mfərtəbl] 形 快適な

137 swallow
[swálou]

動 ～を飲み込む、～をうのみにする

■ Black holes are capable of **swallowing** whole stars and planets.
ブラックホールは、星や惑星を丸ごと飲み込んでしまえる。

☐ be capable of doing　　～できる（類 be able to do）

138 overlook
動[òuvərlúk] / 名[óuvərlùk]

動 ～を見落とす（類 miss）、大目に見る、
（ある場所から）～を見下ろす

■ It is easy to **overlook** the impact that the internet has had on consumer trends.
インターネットが消費者動向に与えた影響を見過ごすのは簡単だ。

☐ trend [trénd]　　　　　**名** 流行

カテゴリ別単語 • その他の重要単語

139 obsolete
[ὰbsəlíːt]

形 時代遅れの (類 outdated)

The library has decided to remove several **obsolete** books from its shelves.
図書館は、書棚から何冊かの時代遅れの本を取り除くことに決めた。

□ remove A from B　　BからAを取り除く

関 □ **obsolescence** [ὰbsəlésns] 名 すたれること

140 startle
[stάːrtl]

動 ～を驚かせる (類 surprise)

I'm sorry. I didn't mean to **startle** you.
すみません。驚かせるつもりではなかったのです。

□ mean to do　　～するつもりである

141 decent
[dí:snt]

形 なかなかの、きちんとした

Although the projector broke down halfway, Professor Sanders gave a pretty **decent** presentation.

プロジェクターが途中で故障したが、サンダーズ教授はとても立派なプレゼンテーションをした。

| □ break down | 壊れる |
| □ halfway [hǽfwèi] | 副 途中で |

142 utilize
[jú:təlàiz]

動 ～を使う（類 use）

An increasing number of academic institutions are **utilizing** the Internet to advertise their courses to potential students.

潜在的学生にコースを宣伝するのにインターネットを利用している学術機関がますます増えている。

□ potential [pəténʃəl]	形 潜在的な、(～になる)見込みのある
	名 可能性、才能
□ potential student	学生になってくれる見込みのある人
□ potential customer	顧客になってくれる見込みのある人

カテゴリ別単語 ● その他の重要単語

143 **institute** [ínstət*j*ù:t]
名 学会、協会　動 ～を制定する

■ The Belmont **Institute** of Science and Technology has decided to sponsor the local science fair.
ベルモント科学技術協会は、地元の科学博覧会を後援することに決めた。

関 □ **institution** [instət*j*ú:ʃən]　名 機関、制度
　□ **institutional** [instət*j*ú:ʃənl]　形 組織の、慣習化した

144 **pursue** [pərsú:]
動 ～を追求する、～を追跡する

■ I've decided to **pursue** a career in teaching once I graduate from university.
私は、一旦大学を卒業したら、教育の仕事に進むことに決めた。

関 □ **pursuit** [pərsú:t]　名 追求、追跡

145 collective
[kəléktiv]

形 全体の、集団による

The decision to cancel the sports day was a **collective** one.
体育祭の中止の決定は、全体的な意思によるものだった。

関 □ **collect** [kəlékt]　　動 〜を集める

146 distinction
[distíŋkʃən]

名 区別、卓越

Seiji Matt has the **distinction** of being the longest serving member of staff at Sunset High School.
セイジ・マットは、サンセット高校で最も長く勤務している職員だという点で際立っている。

関 □ **distinct** [distíŋkt]　　形 独特な、はっきりした（類 clear）
　□ **distinguish** [distíŋgwiʃ]　動 〜を区別する
　□ **distinguish A from B**　　AをBと区別する

147 **noteworthy**
[nóutwə̀ːrði]

形 注目に値する、顕著な

Dr. Allison's new book on global demographic trends is **noteworthy** for its grave forecasts.
世界的な人口実態の傾向に関するアリソン博士の新刊は、重大な予測が注目に値する。

- □ demographic [dìːməgrǽfik] 形 人工実態の、人口統計学の
- □ demography [dimágrəfi] 名 人口統計学、人工実態
  ① demo- は「人々」を表す
- □ grave [gréiv] 形 重大な

148 **solidarity**
[sὰlədǽrəti]

名 連帯(感)

In wearing the same colored t-shirts, the students showed **solidarity** with the campaign.
同じ色のTシャツを着ることで、学生はキャンペーンへの連帯意識を示した。

- 関 □ **solidary** [sάlədæ̀ri] 形 連帯責任の、合同の

149 **incident**
[ínsədənt]

名 出来事、事件

An **incident** involving two students had to be dealt with by the principal.

2人の学生が関係していた事件は、校長が対処しなくてはならなかった。

- 関 □ **incidental** [ìnsədéntl] 形 偶然の
  - □ **incidentally** [ìnsədéntəli] 副 偶然に、ところで（類 by the way）
  - □ **incidence** [ínsədəns] 名 発生(率)

150 **bullying**
[búliiŋ]

名 いじめ

Any cases of **bullying** will be fully investigated by the teaching staff and dealt with appropriately.

いじめはどんなケースでも、教授陣によって徹底的に調査され、適切に対処される。

- 関 □ **bully** [búli] 動 ～をいじめる

カテゴリ別単語 • その他の重要単語

151 split
[splít]

動 〜を分ける(類 divide)、分裂

■ The cost of constructing the new sports hall will be **split** between the school and a local sportswear manufacturer.
新しい体育館の建設費用は、学校と地元のスポーツウェアのメーカーが分担する。

Note 過去形も過去分詞形も split。

152 disperse
[dispə́ːrs]

動 解散する、分散する

■ Students are asked to **disperse** quietly after the examination and in an orderly manner.
学生は、試験の後はスムーズに解散すること。

□ orderly [ɔ́ːrdərli]	形 整然とした、てきぱきした
関 □ **dispersed** [dispə́ːrst]	形 分散した、拡散した
□ **dispersion** [dispə́ːrʒən]	名 分散

153 **alter**
[ɔ́:ltər]

動 ～を変える（類 change）

Next year, all menu options in the school cafeteria will be **altered** daily.

来年、学生食堂のメニューの内容は全て日替わりになる。

□ daily [déili]	副 毎日　形 毎日の
関 □ **alternative** [ɔ:ltə́:rnətiv]	形 別の、それに代わる 名 代わりとなるもの
□ **alternatively** [ə:ltə́:rnətivli]	副 その代わりに（類 instead）

154 **competitive**
[kəmpétətiv]

形 競争心の強い、競争的な
安い（類 affordable, reasonable）

Students at Hilldown School are extremely **competitive** and this is reflected in its academic and sporting achievements.

ヒルダウン校の生徒は非常に競争心が強く、このことは学業とスポーツの業績に反映されている。

□ reflect [riflékt]	動 ～を反映する、～を反射する
□ reflect on	～についてよく考える（類 consider）
関 □ **compete** [kəmpí:t]	動 競争する
□ **competition** [kàmpətíʃən]	名 競争、コンテスト

155 cardboard
[káːrdbɔ̀ːrd]

名 段ボール

There are several empty **cardboard** boxes waiting to be taken to the garbage site.
ゴミ捨て場に持っていく空の段ボール箱がいくつかある。

156 address
[ədrés]

名 演説、住所
動 〜に向けて話す、〜に対処する

During his **address**, the President urged young people to make use of the opportunities before them.
演説の中で、大統領は若者に目の前にある機会を利用するよう訴えた。

- □ urge A to do　　Aに〜するよう促す
- □ make use of　　〜を利用する

157 expertise
[èkspərtíːz] ※発音注意

名 専門知識

Brian Bradley was hired as a school counselor due to his **expertise in** adolescent behavior.

ブライアン・ブラッドリーは、若者の行動に関する専門知識があるため、学校カウンセラーとして雇われた。

- adolescent [ædəlésnt] — 形 青年期の
- adolescence [ædəlésns] — 名 青年期
- 関 **expert** [ékspəːrt] — 名 専門家

158 context
[kántekst]

名 文脈

Ben Orwell stated that his quote had been taken out of **context**.

ベン・オーウェルは、彼の言葉が文脈を無視して引用されたと述べた。

- quote [kwóut] — 名 引用 動 〜を引用する

159 sympathy
[símpəθi]

名 同情（類 compassion）

It is good to express **sympathy** when a colleague experiences bad fortune.
同僚が不運に見舞われた時、同情を示すのは良いことだ。

□ fortune [fɔ́:rtʃən]   名 運、大金

Note sym-「同じ」-pathy「感情」というのが語源。

160 critical
[krítikəl]

形 重大な（類 crucial）、批判的な

It is **critical** in the event of an earthquake to find a safe place.
地震の際には、安全な場所を見つけることが重要だ。

関 □ **be critical of**   〜に批判的である

例 The report was highly critical of the lesson quality at Hillgate High School.
レポートは、ヒルゲート高校での授業の質に対してかなり批判的だった。

□ **criticism** [krítəsìzm]   名 批判
□ **critic** [krítik]   名 批評家
□ **criticize** [krítəsàiz]   動 〜を批判する

161 courteous
[kə́ːrtiəs]

形 礼儀正しい (類 polite)

■ Paula West is known as a friendly and **courteous** member of the teaching staff.
ポーラ・ウェストは、教授陣の一員として親しみやすく礼儀正しいことで知られている。

□ be known as　　　〜として知られている

162 furious
[fjúəriəs]

形 激怒した (類 very angry)

■ There was a **furious** response to the news that the foreign language department would close next year.
来年外国語学部が閉鎖になるというニュースに対し、怒りの反響があった。

カテゴリ別単語 • その他の重要単語

163 acknowledge
[æknálidʒ]

動 ～に感謝の念を示す、
～を認める（類 recognize）

In his new book, Jason Montford **acknowledged** those who had helped him to write it.

ジェイソン・モントフォードは、新しい本の中で、執筆を手伝った人々に謝辞を述べた。

- 関 □ **acknowledgement** 名 感謝をすること、承認
  [æknálidʒmənt]
- □ **acknowledgements** 名 (本や論文の中の)謝辞
  [æknálidʒmənts]

164 omit
[oumít]

動 ～を省く、うっかり～を落とす
（類 leave out）

Organizers mistakenly **omitted** the venue details from the event's advertisement poster.

オーガナイザーは、イベントの広告ポスターに会場の詳細をうっかり入れ忘れた。

- □ venue [vénjuː] 名 会場
- 関 □ **omission** 名 省略、欠落、怠慢

165 tempt
[témpt]

動 ～をその気にさせる

After 20 years of teaching at the same school, Paul Waterford was **tempted to** apply to work somewhere else.

同じ学校で20年教えた後、ポール・ウォーターフォードは、どこか他の職場に応募してみたくなった。

- **tempt A to do** — A(人)を～する気にさせる
- **temptation** [temptéiʃən] — 名 誘惑、誘惑するもの
- **tempting** [témptiŋ] — 形 欲望をそそる、魅力的な

166 luxury
[lʌ́kʃəri]

名 豪華

To have the chance to win a **luxury** cruise around the Caribbean, fill out this form.

カリブ海周遊の豪華な船旅が当たるチャンスを得るために、この用紙に記入してください。

- **cruise** [krúːz] — 名 遊覧航海 動 遊覧航海する

Note luxuryは形容詞的に名詞の前に置かれて「豪華な」という意味で使われることが多い。

167 subtle
[sʌ́tl]

形 わずかな (類 slight)

■ The art teacher tried to explain the **subtle** differences between the two similar paintings.
美術教師は、2つの似通った絵の微妙な違いを説明しようと試みた。

168 harsh
[há:rʃ]

形 厳しい、過酷な

■ While he received **harsh** criticism for his hypothesis, Dr. Falcon was adamant that his view was right.
理論に厳しい批判を受けながらも、ファルコン博士は自説が正しいとして譲らなかった。

- □ hypothesis [haipáθəsis]　　名 仮説
- □ adamant [ǽdəmənt]　　形 断固とした
- □ adamantly [ǽdəməntli]　　副 断固として

169 compatible
[kəmpǽtəbl]

形 互換性のある、仲良くやっていける

The new software package is not **compatible with** the current computers at school.
新しいパッケージソフトは、現在学校にあるコンピューターとの互換性がない。

関 □ **compatibility** [kəmpætəbíləti]　名 互換性、両立性

Note　例えばWindowsで使えるソフトでもMacでは使えない場合「このソフトはWindowsのパソコンとは互換性があるが、Macとの互換性はない」と言う。

170 redundant
[ridʌ́ndənt]

形 余分な

The university has announced plans to make 20 academic staff **redundant** before the next financial year.
大学は、次の会計年度の前に、20人の大学職員を解雇する計画を発表した。

□ make A redundant　　Aを解雇する（類 fire）

関 □ **redundancy** [ridʌ́ndənsi]　名 余剰

カテゴリ別単語 • その他の重要単語

171 **suspect**
[səspékt]

動 〜だと疑う

The police **suspect** that the fire was caused intentionally.
警察は、火事が故意に引き起こされたと疑っている。

- □ intentionally [inténʃənəli]　副 故意に (類 deliberately, purposely, on purpose)
- □ accidentally [æksədéntəli]　副 偶然に

Note doubt は「〜ではないと疑う」という意味なので注意。

172 **exist**
[igzíst]

動 存在する

It is often wondered whether life **exists** on other planets.
他の惑星に生命が存在するかどうかはよく疑問に思われる。

- 関 □ **existence** [igzístəns]　名 存在、存在物
- □ **existing** [igzístiŋ]　形 現存の

173 **practical** [prǽktikəl]
形 実用的な、現実的な

The career advisor offered **practical** ways for graduates to improve their résumé.
就職アドバイザーは、卒業生が履歴書を改善する実用的な方法を提案した。

関 □ **theoretical** [θìːərétikəl] 理論上の
□ **practically** [prǽktikəli] 副 実用的に

174 **gardening** [gáːrdniŋ]
名 園芸

The local **gardening** center is offering part-time work to students during the summer vacation.
地元の園芸用品店は、夏休みの間、学生にパートタイムの仕事を提供している。

関 □ **garden** [gáːrdn] 名 庭
□ **gardener** [gáːrdnər] 名 庭師
□ **landscaping** [lǽndskèipiŋ] 名 造園、景観設計
□ **landscape** [lǽndskèip] 名 景観

カテゴリ別単語 • その他の重要単語

175 detergent
[ditə́:rdʒənt]

名 (服などを洗うための)洗剤

■ When using **detergent**, it is important to avoid getting it near your hands, eyes, and mouth.
洗剤を使う際は、手、目と口の近くにつくのを避けることが大事だ。

Note 手や体を洗うためのものはsoap。

176 modify
[mádəfài]

動 ～を変更する、修正する

■ Teachers often try to **modify** their language when teaching non-native speakers.
ネイティブでない話者を教える時、教師はよく自分の言葉をいくぶん変えようとする。

関 □ **modification** [màdəfikéiʃən]　　名 変更、修正

177 **agent**
[éidʒənt]

名 代行業者（類 agency）

■ Students wishing to rent private-sector accommodations are advised to deal with an **agent**.

民間の宿泊設備を賃借したい学生は、代理業者と取引することを勧められる。

| □ private-sector | 民間の |
| □ accommodations [əkɑ̀mədéiʃənz] | (アパート、ホテルなどの)宿泊設備 |

Note agencyの方が会社組織に重点がありagentの方が人に焦点が置かれる。

178 **resident**
[rézidənt]

名 住人

■ Local **residents** complained that an increase in undergraduate car ownership had caused parking problems in neighboring roads.

地元住民は、学部生の自動車所有率の増加により、近隣の道路に駐車の問題が起きたと苦情を述べた。

| □ neighboring [néibəriŋ] | 形 近隣の |

関
□ **residence** [rézidəns]	名 住居
□ **reside** [rizáid]	動 居住する
□ **residential** [rèzidénʃəl]	形 住宅の

カテゴリ別単語 • その他の重要単語

179 crisis
[kráisis]

名 危機

■ The **crisis** in the Middle East is the topic of today's lecture.
中東危機が、今日の講義のテーマです。

> Note 複数形は、crises。

180 coverage
[kʌ́vəridʒ]

名 報道（**類** report）、補償、保険

■ The media **coverage** of the scandal is having an adverse effect on those involved.
スキャンダルのマスコミ報道が、関係者に弊害を与えている。

□ those involved	関係者
関 □ **cover** [kʌ́vər]	**動** 〜を報道する、〜を補償する、〜を覆う

181 minimum
[míniməm]

名最低限 形最低限の

At a bare **minimum**, applicants for the position should have a university degree.
最低限でも、職の応募者には大学の学位がなければならない。

□ bare [béər] 形裸の、ぎりぎりの

関 □ **maximum** [mǽksəməm] 形最大限、最大限の

182 conclusive
[kənklú:siv]

形決定的な

Dr. Parker offered **conclusive** evidence that drinking green tea helps memory retention.
パーカー博士は、緑茶を飲むことが記憶の保持を助けるという決定的証拠を提供した。

□ retention [riténʃən] 名保持

関 □ **conclusion** [kənklú:ʒən] 名結論

183 **spontaneous**
[spɑntéiniəs]

形 自然に起こる

■ During his speech, the vice-chancellor was frequently interrupted by **spontaneous** applause.
スピーチの間、大学副総長は、自然にわき起こった拍手によってたびたびさえぎられた。

□ vice- [váis]	副〜
□ vice president	副社長
□ chancellor [tʃǽnsələr]	名 学長
□ applause [əplɔ́ːz]	名 拍手喝采
□ applaud [əplɔ́ːd]	動 拍手する

関 □ **planned** [plǽnd] 　　　形 計画された

184 **insight**
[ínsàit]

名 洞察

■ Professor Hilton's new book will give a detailed **insight into** his time working in Africa.
ヒルトン教授の新しい本は、彼がアフリカで働いていた期間の詳細な洞察を与えてくれる。

□ detailed [ditéild]	形 詳細な

関 □ **insight into** 　　　〜への洞察

185 **declare**
[diklέər]

動 ～を宣言する

■ The government has **declared** that it will increase spending on overseas aid by 10%.
政府は、海外援助の出費を10%増やすと宣言した。

- □ overseas
  形 [óuvərsí:z] / 副 [òuvərsí:z]
  形 海外の 副 海外で
- □ aid [éid]
  名 援助 動 ～を援助する

関 □ **declaration** [dèkləréiʃən] 名 宣言

---

186 **potential**
[pəténʃəl]

名 才能、可能性（類 possibility）
形 潜在的な

■ The new drug manufactured by Aldion Pharmaceutical has the **potential** to eliminate the signs of aging.
アルディオン製薬が製造する新薬には、老化の徴候を取り除く可能性がある。

- □ manufacture [mæ̀njufǽktʃər]
  動 ～を製造する
- □ pharmaceutical [fὰːrməsúːtikəl]
  形 薬学の、製薬の
- □ pharmaceuticals [fὰːrməsúːtikəlz]
  名 製薬会社
- □ aging [éidʒiŋ]
  名 老化
- □ age [éidʒ]
  動 歳をとる 名 歳

187 convey
[kənvéi]

動 〜を伝える、〜を運ぶ(類 transport)

Please **convey** my apologies for my absence to those at the meeting.
会議の出席者に、私の欠席についての謝罪を伝えてください。

- apology [əpάlədʒi] 名 謝罪
- apologize [əpάlədʒàiz] 動 謝罪する
- apologize | to 人 for コト
  | for コト to 人

人に〜のコトで謝罪する

188 grasp
[grǽsp]

動 〜を握る、〜を把握する 名 把握

It is difficult to truly **grasp** the size of the universe.
宇宙の大きさを本当に把握することは難しい。

- universe [júːnəvə̀ːrs] 名 宇宙
- 関 grab [grǽb] 動 〜をつかむ

189 smuggle
[smʌ́gl]

動 ～をこっそり持ち込む、～を密入国させる

It is an offense for test takers to try to **smuggle** food into the examination hall.

テストの受験者が試験場に食物をこっそり持ち込むのは規則違反だ。

□ offense [əféns]	名違反、犯罪、侮蔑、攻撃
□ offend [əfénd]	動違反する、～の気分を害する
□ offender [əféndər]	名犯罪者（類 criminal）
関 □ **smuggler** [smʌ́glər]	名密輸業者、密入国業者

190 characterize
[kǽriktəràiz]

動 ～を特徴づける

His personality can best be **characterized** in one word; outgoing.

彼の性格は、「外向的」という1語で最もよく表せる。

□ personality [pə̀:rsənǽləti]	名人柄、性格（類 character）
□ outgoing [áutgòuiŋ]	形外交的な（類 sociable）
関 □ **characteristic**	名特徴 形特有の
□ **characteristic of**	～の特徴、～に特有の

カテゴリ別単語 ● その他の重要単語

191 remote
[rimóut]

形 離れた (類 far, isolated)

A **remote** tribe in the Amazon rainforest has recently been discovered by researchers.
アマゾン熱帯多雨林の人里離れたところに住む部族が、先ごろ研究者によって発見された。

- tribe [tráib] 名 部族
- rainforest [réinfɔ̀:rist] 名 (熱帯)雨林

192 rural
[rúərəl]

形 農村の、田舎の (類 rustic)

Advances in farming technology have had a profound impact on traditional **rural** life.
農業技術の進歩は、従来の農村の生活に大きな影響を及ぼした。

- profound [prəfáund] 形 深い、大きな
- 関 urban [ə́:rbən] 形 都会の

193 **contradict**
[kὰntrədíkt]

動 〜に矛盾する

■ The two newspaper reports appear to **contradict** each other.
2つの新聞報道は矛盾しているように見える。

関 □ **contradiction** [kὰntrədíkʃən]   名 矛盾

Note: contradiction は、contra-「反対に」-dict「言う」というのが語源。

194 **arrogant**
[ǽrəgənt]

形 傲慢な、横柄な

■ Although he is a good athlete, Mike Sampson is quite **arrogant**, too.
良い運動選手ではあるが、マイク・サンプソンは非常に傲慢でもある。

関 □ **arrogance** [ǽrəgəns]   名 傲慢さ、横柄さ

Note: 自分が他の人より重要だと感じることを表すネガティブな表現。
elegant「気品のある」と聞き間違えないように注意。

カテゴリ別単語 ● その他の重要単語

195 adopt
[ədápt]

動 ～を採用する、～を養子にする

A new code of ethics will be **adopted** by the university.
大学は新しい倫理規定を採用する予定だ。

- □ code [kóud] **名** 規則、暗号
- 関 □ adoption [ədápʃən] **名** 採用、養子縁組

Note adapt「～を適応させる」との混同に注意。

196 discredit
[diskrédit]

動 ～の信用を失わせる　**名** 不名誉

The idea that the world is flat has long been **discredited**.
世界が平らであるという考えは、信じられなくなって久しい。

- □ flat [flæt] **形** 平らな
  ① イギリス英語ではapartment「アパート」の意味もある

269

197 finite
[fáinait] ※発音注意

形 有限の

■ There are only **finite** supplies of oil and other fossil fuels.
石油とその他の化石燃料は、限られた供給量しかない。

| □ fossil fuel | 化石燃料 |

| 関 □ infinite [ínfənət] | 形 無限の |

Note finish とスペルが似ているので覚えやすい。

198 validate
[vǽlədèit]

動 ~を立証する、~を妥当と認める

■ New research appears to **validate** the hypothesis that diet and obesity are closely linked.
新しい研究は、食生活と肥満は密接な関係があるという説を立証すると思われる。

| □ obesity [oubí:səti] | 名 肥満 |
| □ obese [oubí:s] | 形 肥満の |

| 関 □ valid [vǽlid] | 形 妥当な、有効な (類 effective, good) |
| □ validity [vəlídəti] | 名 妥当性、正当性 |

199 mature
[mətjúər]

形 成熟した

A disease is attacking **mature** oak trees throughout the country.
国中のオークの成木が発病している。

□ oak [óuk]	**名** オーク ① 木の種類
関 □ **immature** [ìmətʃúər]	**形** 未熟な
□ **maturity** [mətʃúərəti]	**名** 成熟

200 deny
[dinái]

動 ～を否定する

Some scientists **deny** that there is a connection between carbon dioxide emissions and climate change.
一部の科学者は、二酸化炭素の排出量と気候変動の関係を否定している。

関 □ **deny doing**	～したことを否定する
□ **deny A B**	AにBを与えない
□ **denial** [dináiəl]	**名** 否定

201 acquire
[əkwáiər]

動 ～を得る (類 obtain, gain)、～を習得する、～を買収する

Peter Quigley **acquired** a master's degree in Physics from Brampton University in 2005.

ピーター・キグリーは、2005年にブランプトン大学で物理学修士号を取得した。

関 □ **acquisition** [ækwəzíʃən]　名 獲得、習得、買収

202 exceed
[iksíːd]

動 ～を越える (類 go beyond)

The population of Britain never **exceeded** 60 million prior to the year 2000.

イギリスの人口は、2000年より前には6,000万人を超えることはなかった。

| □ prior to | ～より前に (類 before) |

関 □ **excess** [iksés]　名 過剰
□ **excessive** [iksésiv]　形 過度の

Note　ex-「外に」-ceed「進む」→「越える」というのが語源。

203 consensus
[kənsénsəs]

名 意見の一致

■ There is little **consensus** about the possibility of life on other planets.
他の惑星に生命が存在する可能性については、ほとんど意見が一致していない。

Note con-「共に」-sens「感じる（sense）」というのが語源。

204 objective
[əbdʒéktiv]

形 客観的な　名 目的

■ It is important to remain **objective** when carrying out research.
研究を行なう時、客観的であり続けることは重要だ。

目標を表す名詞

| □ **purpose** [pə́ːrpəs]　目標（ある行動をする理由） |
| □ **objective**　目的（具体的で達成することが可能だと見込まれる） |
| □ **object** [ábdʒikt]　（個人的な）目標 |
| □ **aim** [éim]　（短期的な）目標 |
| □ **goal** [góul]　（長期的な）目標 |

関 □ **subjective** [səbdʒéktiv]　主観的な

205 affair
[əféər]

名 情勢、出来事、浮気

■ An increasing number of students are taking an active interest in **current affairs** nowadays.

この頃は、時事に関して積極的な関心を持つ学生がますます増えている。

□ take an interest in	〜に興味を持つ
関 □ **current affairs**	時事

206 evade
[ivéid]

動 〜を避ける、〜を逃れる（類 avoid）

■ John Talbot tried to **evade** the question because he didn't know the answer.

ジョン・タルボットは、答えを知らなかったので、問題を避けようとした。

関 □ **evasion** [ivéiʒən]	**名** 回避
□ tax evasion	脱税

207 **prestigious** [prestídʒiəs]
形 一流の、名声のある

Graduating from a **prestigious** university is one way to be ahead in the job market.
一流大学を卒業することは、求人市場で有利になる方法の1つだ。

| □ job market | 求人市場 |

関 □ **prestige** [prestíːʒ] 名 名声、威信

208 **obstacle** [ábstəkl]
名 障害

Mary Wilton **overcame** many **obstacles** during her four years at Setford University.
メアリー・ウィルトンは、セットフォード大学での4年間に、多くの障害を乗り越えた。

関 □ **overcome an obstacle** 障害を乗り越える

209 outrage
[áutreidʒ]

名 激怒、暴力行為

■ There was widespread **outrage** on campus when the cafeteria hiked its prices.
学生食堂が値上げをした時、キャンパス中に怒りが広まった。

| □ hike [háik] | **動** ～を(いきなり)引き上げる、ハイキングする　**名** ハイキング |

関 □ **outrageous** [autréidʒəs]	**形** 非道な、凶暴な、法外な
□ **outrageous price**	法外な値段
□ **rage** [réidʒ]	**名** 激怒、激しさ

210 collision
[kəlíʒən]

名 衝突

■ Scientists speculate that the moon was created as the result of a **collision between** Earth and another object.
科学者は、地球と別の天体が衝突した結果、月ができたと推測している。

□ speculate [spékjulèit]	**動** ～を推測する
□ object **名** [ábdʒikt] / **動** [əbdʒékt]	**名** 物体　**動** 反対する
□ object to	～に反対する (**類** oppose)

| 関 □ **collide** [kəláid] | **動** 衝突する |

Note collide は、col-「相互に」-lide「打つ」というのが語源。

211 constructive
[kənstrʌ́ktiv]

形 建設的な

■ All attendees agreed that the meeting was both informative and **constructive**.
全ての出席者は、会議が有益で建設的だったと同意した。

- attendee [ətèndíː] — 名 出席者
- informative [infɔ́ːrmətiv] — 形 (与えられた情報が)役立つ
- 関 construct [kənstrʌ́kt] — 動 〜を建設する
- construction [kənstrʌ́kʃən] — 名 建設

Note 「建設的な」とは「工事の」という意味ではなく「いい結果につながるのに役立つ」という意味。

212 biased
[báiəst]

形 偏見を持った、偏った

■ A newspaper article on recent education reforms was **biased** in favor of the government's point of view.
最近の教育改革に関する新聞記事は、政府の見解寄りに偏っていた。

- reform [rifɔ́ːrm] — 名 改革 動 〜を改善する
- in favor of — 〜を支持して (反 against)
- 関 bias [báiəs] — 名 偏見

213 **resistance**
[rizístəns]

名 抵抗

There are several examples of non-violent **resistance** creating large scale societal change.
大規模な社会変化を引き起こしている非暴力な抵抗の例がいくつかある。

- societal [səsáiətl] 　　　形 社会の

関
- **resist** [rizíst] 　　　動 〜に抵抗する
- **resistant** [rizístənt] 　　　形 抵抗する、抵抗力のある

214 **accumulate**
[əkjúːmjulèit]

動 〜を蓄積する

As clouds **accumulate** water vapor through evaporation, they become heavier.
雲は蒸発を通して水蒸気を蓄積してより重くなる。

- vapor [véipər] 　　　名 蒸気
- evaporation [ivæpəréiʃən] 　　　名 蒸発

関
- **accumulate wealth** 　　　富を築く
- **accumulation** 　　　名 蓄積
  [əkjùːmjuléiʃən]

カテゴリ別単語 ● その他の重要単語

215 contaminate
[kəntǽmənèit]

動 ~を汚染する

■ The water samples collected from the river were found to **be contaminated with** chemicals.
川から集められた水サンプルが、化学薬品で汚染されていることがわかった。

関 □ **be contaminated with/by** ~で汚染される
□ **contamination** [kəntæmənéiʃən] 名 汚染
□ **contaminants** [kəntǽmənənts] 名 汚染物質

216 discretion
[diskréʃən]

名 自由裁量

■ Deadlines for essays may be extended at the lecturer's own **discretion**.
エッセイの提出期限は、講師の裁量で延長されるかもしれない。

関 □ **Viewer discretion is advised.**
視聴者の判断でご覧ください
① アメリカではテレビ番組のはじめに暴力や性的なシーンがある場合にこれが表示される

279

217 tenant
[ténənt]

名 賃借人

While many students live in university-owned dormitories, others prefer to be **tenants** in privately-rented accommodation.
多くの学生が大学の所有する寮に住む一方で、民間賃貸の宿泊設備に入居するほうを好む学生もいる。

関 □ **landlord** [lǽndlɔːrd]　　大家

Note　tenantは家やお店を借りる人のこと。日本でも「テナント募集」というのをよく目にする。

218 counterpart
[káuntərpɑ̀ːrt]

名 対応する人／モノ

The Japanese Prime Minister met with his British **counterpart** to discuss trade.
日本の首相は、貿易について話し合うため、イギリスの首相と会った。

□ Prime Minister　　首相
□ minister [mínəstər]　　名 大臣

Note　日本の首相に対応するのはイギリスの首相である。アメリカであれば大統領が首相のcounterpartになる。

カテゴリ別単語 • その他の重要単語

219 **retrieve**
[ritríːv]

動 ~を回復する、~を取り戻す
(**類** recover)

It is now possible for police and other law enforcement agencies to **retrieve** deleted data from computer hard disc drives.

現在、警察やその他の法執行機関にとって、コンピューターのハードディスクから削除されたデータを回復することは可能だ。

関 □ **retrieval** [ritríːvəl] **名** 復旧、検索
□ **retrievable** [ritríːvəbl] **形** 回復できる、取り戻せる

220 **undergo**
[ʌ̀ndərgóu]

(苦難など)を経験する
(**類** experience)、(治療)を受ける

The Middle East has **undergone** enormous changes in recent years.

中東は、近年大きな変化を経験した。

□ enormous [inɔ́ːrməs] **形** 非常に大きい

221 aptitude
[ǽptətjùːd]

名 才能（類 talent）

■ The Dawson Scholarship is offered to those who demonstrate an **aptitude** in music.

ドーソン奨学金は、音楽の才能を示す人々に提供される。

- □ demonstrate [démənstrèit]　動 ～を示す、～を実演する、デモをする
- □ demonstration [dèmənstréiʃən]　名 立証、実演販売、デモ行進

222 friction
[fríkʃən]

名 摩擦

■ Whenever something moves, there is always some kind of **friction** trying to stop it.

何かが動く時はいつでも、それを止めようとする何らかの摩擦が常にある。

関 □ **trade friction**　　　貿易摩擦

カテゴリ別単語 • その他の重要単語

223 affluent
[ǽfluənt]

形 裕福な（類 rich）、豊富な（類 abundant）

■ Despite being an **affluent** part of the city, Albington is a popular area for students to live.
市の裕福な地域であるにもかかわらず、アルビントンは、学生が住むのに人気の地域だ。

関 □ **affluence** [ǽfluəns]　　名 豊かさ

224 adjacent
[ədʒéisnt]

形 近い

■ The law department building is **adjacent to** the university sports center.
法学部の建物は、大学のスポーツ・センターに隣接している。

関 □ **adjacent to**　　～に近い（類 close to）

225 **diminish**
[dimíniʃ]

動 減少する、〜を減らす（類 reduce）

Although it was conducted 50 years ago, Kenji Jordan's pioneering research on earthquakes has not **diminished** in its importance.

ケンジ・ジョーダンが地震に関する先駆的な研究を行なったのは50年前だが、その重要性は損なわれていない。

Note 単語内に -mini- 「小さい」が入っているので覚えやすい。

226 **activate**
[æktəvèit]

動 〜を作動させる

When the alarm was **activated**, the security guard searched the building to identify the cause.

警報が作動したので、警備員は原因を特定するために建物を探索した。

- □ security guard — 警備員
- □ identify [aidéntəfài] — 動 〜を特定する

関 □ **activate an account** — アカウントを使えるようにする

227 confine
[kənfáin]

動 〜を制限する

During the question and answer session, the audience was reminded to **confine** their questions **to** the topic being discussed.

質疑応答の間、観衆は、議論されているテーマに質問を限定するよう念を押された。

関 □ confine A to B　　　AをBに制限する (**類** limit A to B)

228 flourish
[flə́:riʃ]

動 繁栄する (**類** thrive)

Since it was designated as a conservation area, wildlife has **flourished** in Kempton Park.

ケンプトン公園は保護管理地域に指定されたので、野生生物が繁栄している。

□ designate A as B　　　AをBに指定する

Note flower「花」と同じ語源。flour は現代英語では「小麦粉」のこと。

229 conform
[kənfɔ́ːrm]

動 従う

Any dissertations that do not **conform to** university regulations will be rejected.

いかなる博士論文も大学規則に従わなければ受理されない。

| 関 □ **conform to** | (ルール)に従う (類 comply with, adhere to, abide by) |

230 facilitate
[fəsílətèit]

動 〜を円滑にする (類 make...easier)

To help scientists around the world **facilitate** the sharing of research, a special conference will be held in January.

世界中の科学者が研究を共有しやすくするために、特別会議が1月に開催される。

| □ shareing [ʃέəriŋ] | 名 共有 |
| 関 □ **facilitator** [fəsílətèitər] | 名 司会 |

231 **indulge**
[indʌ́ldʒ]

動 楽しむ、〜を甘やかす

During summer vacations, Professor Taylor likes to **indulge in** his hobby of fresh water fishing.
夏休みの間、テイラー教授は、淡水魚釣りの趣味にふけるのを好む。

| □ fresh water | 淡水 |
| □ sea water | 海水 |

- **関** □ **indulge in** 〜にふける、〜を楽しむ
- □ **indulgent** [indʌ́ldʒənt] **名** 甘い（**類** strict）
- □ **indulgence** [indʌ́ldʒəns] **名** (〜に)ふけること、甘やかし

232 **plight**
[pláit]

名 苦境

A new television documentary will highlight the **plight** of homeless people.
新しいテレビのドキュメンタリー番組は、ホームレスの窮状を特集する。

233 **impede**
[impíːd]

動 ～を妨げる

■ His lack of experience **impeded** Alan Long **from** applying for the principal's position at Grange High School.

経験不足が、アラン・ロングがグレーンジ高校の校長の職に応募する妨げとなった。

| □ lack [lǽk] | **名**不足 **動**～が不足する |
| □ lack of | ～の不足 |

関 □ **impede A from doing**　Aが～するのを妨げる
　　　　　　　　　　　　　　　（**類** prevent A from doing）

□ **impediment** [impédəmənt] **名**妨げ

Note im-「中に」-pede「足」→「中に足を入れて妨害する」というのが語源。

234 **conscience**
[kánʃəns] ※発音注意

名良心

■ Because he didn't want it on his **conscience** anymore, Joe Brown decided to own up to plagiarism.

良心の咎めに耐えかねて、ジョー・ブラウンは盗作行為を白状することに決めた。

| □ own up to | ～を白状する（**類** confess, admit） |

関 □ **conscientious** [kànʃiénʃəs]　**形**良心の
　　　　※発音注意

Note conscience も conscientious も発音を間違えやすい。

235 **gratitude**
[grǽtətjùːd]

名 感謝 (類 appreciation)

In his speech, the university vice-chancellor **expressed** his **gratitude** to everyone for all of their hard work this year.
講演中に、大学副総長は、今年熱心に働いてくれたことで全員に感謝を表明した。

236 **tedious**
[tíːdiəs]

形 退屈な (類 boring, monotonous)

Organizing the annual student graduation ceremony required attendance at several long and **tedious** meetings.
毎年行われる学生の卒業式を準備するには、いくつかの長くて退屈な会議に出席する必要があった。

Note 退屈な時間が長く続いて飽きることを表す。

237 feasible
[fíːzəbl]

形 実行可能な (類 viable)

The lecturer decided that it was not **feasible** to fit everyone into the room so he looked for a larger venue.

全員を部屋に入れるのは不可能なので、講師は、より大きな会場を探すことに決めた。

関 □ **feasibility** [fìːzəbíliti]　名 実行可能性 (類 viability)

238 liable
[láiəbl]

形 責任がある、受けやすい、しがちだ

The university **is** not **liable for** any theft or damage to vehicles left unattended on campus.

キャンパスに放置された車両へのいかなる窃盗や損害に対しても、大学は責任を負わない。

□ unattended [ʌ̀nəténdid]　形 放置された、付き添いのない

関 □ **liability** [làiəbíləti]　名 責任、義務
　□ **liabilities** [làiəbílətiz]　負債
　□ **be liable to do**　～しがちである (類 be likely to do)
　□ **be liable for A/to do**　Aの責任がある／～する責任がある
　□ **be liable to A**　A(病気や被害)を受けやすい

239 plausible
[plɔ́:zəbl]

形 もっともらしい

■ Although his theory seems **plausible**, it will require further supporting evidence before it becomes fact.
彼の理論はもっともらしく聞こえるが、事実とするためにはさらなる根拠が必要だ。

関 □ **implausible** [implɔ́:zəbl]　**形** 信じがたい

240 unanimous
[ju:nǽnəməs]

形 満場一致の

■ The hiring committee was **unanimous** in its decision to offer the job to Felicity Janaway.
雇用委員会は、フェリシティ・ジャナウェイに仕事を提供することを全員一致で決定した。

□ hiring committee　　雇用委員会

関 □ unanimity [jù:nəníməti]　**名** 満場一致

Note un-「1つ」-animous「心」→「心を1つにする」というのが語源。

TEAPに出る主な学問の名前

economics [ìːkənάmiks]	経済学
psychology [saikάlədʒi]	心理学
chemistry [kéməstri]	化学
linguistics [liŋgwístiks]	言語学
marketing [mάːrkitiŋ]	マーケティング
biology [baiάlədʒi]	生物学
law [lɔ́ː]	法学
sociology [sòusiάlədʒi]	社会学
education [èdʒukéiʃən]	教育学
philosophy [filάsəfi]	哲学
journalism [dʒə́ːrnəlìzm]	ジャーナリズム学
statistics [stətístiks]	統計学
geography [dʒiάgrəfi]	地理学
geology [dʒiάlədʒi]	地学
agriculture [ǽgrikʌ̀ltʃər]	農学
accounting [əkáuntiŋ]	会計学
geometry [dʒiάmətri]	幾何学
international relations	国際関係学
international environment	国際環境学
logic [lάdʒik]	論理学
ethics [éθiks]	倫理学
medicine [médəsin]	医学
pre-med (pre-medical)	医学部準備教育課程
finance [fáinæns]	財政金融学

カテゴリ別単語 • その他の重要単語

engineering [èndʒiníəriŋ]	工学
architecture [ɑ́ːrkətèktʃər]	建築学
computer science	コンピューター科学
mathematics [mæθəmǽtiks]	数学
film studies	映画学
~ studies	~研究科　例 Asian studies　アジア地域研究科
physics [fíziks]	物理学
ecology [ikɑ́lədʒi]	生態学
political science	政治学
history [hístəri]	歴史学
archaeology [ɑ̀ːrkiɑ́lədʒi]	考古学
anatomy [ənǽtəmi]	解剖学
astronomy [əstrɑ́nəmi]	天文学
liberal arts	一般教養

Note 大学を卒業するためには専門科目だけではなく様々な分野の一般教養科目も履修しなければならない。

第6章

熟語

001 lead to
～につながる（類 result in, cause）

■ One good idea often **leads to** several others in quick succession.
1つの良いアイディアは、他のいくつかのアイディアを次々と生みだすことが多い。

- in succession　　連続して

002 set up
～を設定する、～を準備する、(会社)を始める（類 launch, start）

■ I might need some help to **set up** the new computer.
新しいコンピューターをセットアップしてもらうのを手伝ってもらう必要があるかもしれません。

003 make an effort to do
～するよう努力する

■ Professor Jones always **makes an effort to** get to know all of the students in his class.
ジョーンズ教授は、常にクラスの学生全員のことを知るよう努力している。

関 □ **effort** [éfərt]　　名 努力

004 now that　　今や〜なので

Now that the semester is finished, the campus is unusually quiet.
学期が終わった今、キャンパスは非常に静かだ。

005 register for　　〜に登録する (類 sign up for)

If you wish to **register for** extra classes, please do so by September 7.
追加のクラスに登録したければ、9月7日までに行なってください。

関 □ **registration** [rèdʒistréiʃən] 名 登録

006 go ahead　　〜を始める、進める

The students were told by the teacher to **go ahead** and begin thinking about their projects.
学生は教師に、プロジェクトについて考え始めていいと言われた。

Note 「〜してもいいか」という質問にGo ahead!と答えれば「どうぞ」という意味になる。

007 according to ～によると、～に応じて、～に従って

According to a news report, a rising number of graduates are choosing careers in nursing.

ニュース報道によると、看護の仕事を選ぶ卒業生の数が増えている。

- nursing [nə́ːrsiŋ] 名 看護

関
- **according to experience** 経験に応じて
- **according to schedule/plan** 予定通りに

008 at least 少なくとも

If you wish to ask for an extension to the deadline, please do so **at least** 24-hours in advance.

期限の延長を求めたければ、少なくとも24時間前にお願いします。

- in advance あらかじめ

関
- **at most** 多くとも

009 along with ～と一緒に

To obtain your student ID, provide proof of your address **along with** a passport-size photograph.

学生IDを取得するには、パスポートサイズの写真と、住所の証明を提出してください。

010 make use of ～を利用する

Undergraduates are encouraged by the university to **make use of** their vacation time to help their local communities.
学部生は、休暇の時間を利用して地元のコミュニティを手伝うよう大学に奨励されている。

011 focus on ～に焦点を絞る

In his talk, the lecturer **focused on** the rise of consumerism in the 1980s.
講義の中で、講師は、1980年代の消費者主義の台頭に焦点を絞った。

□ consumerism [kənsúːmərìzm]　**名** 消費者主義
⚠ 商品やサービスをたくさん買ってたくさん使うのがよいという考え方

012 combine A with B AとBを組み合わせる
（類 combine A and B）

By **combining** traditional teaching methods **with** new technology in the classroom, students can get the best of both worlds.
授業で従来の教育法と新技術を組み合わせることにより、学生は両者に勝ることができる。

□ get the best of　～に勝る

関 □ **combination** [kɑ̀mbənéiʃən]　**名** 組み合わせ

013 free of charge　無料で (類 for free)

Tomato ketchup, salt, and pepper is provided **free of charge** in the school cafeteria.

学生食堂で、トマト・ケチャップ、塩とコショウは無料で提供される。

014 for fear of doing　〜しないように

The renovation work on the second floor of the library was delayed until after the exams **for fear of** disrupting students' review time.

図書館の2階の改装は、学生の試験勉強時間を邪魔する恐れから、試験の後まで延期された。

015 as well　〜も (類 too)

Dr. Bradbury specializes in European history but sometimes lectures on Asian history **as well**.

ブラッドベリー博士はヨーロッパの歴史を専門とするが、時々アジアの歴史の講義も行なう。

□ specialize in　〜を専門にする

カテゴリ別単語 ● 熟語

016 set apart　〜を際立たせる、区別する

What **set apart** Julia Cunningham's thesis from her peers was her unique writing style.
ジュリア・カニンガムの論文が同級生と比べて際立っていた理由は、独特な文体だった。

□ peer [píər]　　　　　　　　名 同等の人、同輩

017 accept A as B　AをBとして認める

It is generally **accepted as** true that cows have a contribution to global warming.
牛が地球温暖化の一端を担っていることは、一般に事実と受け取られている。

□ contributor to　　　　〜の一因

018 run out of　〜を使い果たす

The world is expected to **run out of** oil in about 100 years from now.
世界の石油は、今からおよそ100年で枯渇すると予測されている。

□ ... year(s) from now　〜年後（類 in ... year(s)）

CD2 65

019 ranging from A to B
AからBにまでわたる

■ Brampton University has many students **ranging** in age **from 18 to** 75 years old.
ブランプトン大学の学生数は多く、年齢は18才から75才までにわたっている。

関 □ range 　　　　　　　**名** 範囲

020 a range of
さまざまな〜 (**類** a variety/selection of, an array/assortment of)

■ Albany College's career center offers **a range of** services to both undergraduate and post-graduate students.
オールバニー大学の職業指導センターは、学部生と院生の両方にさまざまなサービスを提供している。

Note a wide/broad range of という形でもよく使う。

021 in line with
〜と一致して、〜に従って

■ **In line with** campus policy, department staff must record all awarded grades both on paper and electronically.
キャンパスの方針に従い、学部の職員は、与えられた成績を全て紙とコンピューターの両方に記録しなければならない。

□ electronically 　　　**副** 電子的に、コンピューターネットワークに

カテゴリ別単語 ● 熟語

022 with regard to
～に関して（類 in regard to, as regards, regarding, concerning）

I am writing **with regard to** your application to enroll at Atkins College.
あなたのアトキンス大学への入学願書に関してお手紙を差し上げております。

023 postpone A until B
AをBに延期する（類 put off A until B）

The completion of the new language laboratory has been **postponed until** next year due to a lack of funds.
新しい語学演習室の完成は、資金不足のために来年まで延期された。

□ completion [kəmplíːʃən]　名 完成

024 be held responsible for
～の責任がある（類 be responsible for, be accountable for）

The university cannot **be held responsible for** loss or theft of personal items on campus.
大学は、キャンパス内での私物の紛失や盗難に関する責任は負えません。

□ loss [lɔ́ːs]　名 紛失
□ theft [θéft]　名 盗難

025 in terms of
~の観点から、~に関して

In terms of sports facilities, Relton University ranks high.
スポーツの施設の点で、レルトン大学は、上位にランクしている。

026 be conflicted with
~と対立する、~と矛盾する

The results of Dan Simpson's research on the mating habits of pandas **are conflicted with** conventional thinking.
パンダの交尾の習性に関するダン・シンプソンの研究結果は、従来の考えと食い違った。

- mate [méit] 動 交尾をする

027 point out
~を指摘する

It should be **pointed out** that this research has just started and is nowhere near completion.
この研究は今始まったばかりで、完成にはほど遠いことは指摘されるべきだ。

カテゴリ別単語 ● 熟語

028 train A to do　　Aを〜するよう訓練する

Despite having graduated from top universities, many new employees have to be **trained to** deliver customer service by their new employers.

一流大学を卒業したにもかかわらず、多くの新入社員は、新しい雇用主から顧客サービスを提供するため研修を受ける必要がある。

029 show up　　現れる（類 turn up, appear）

After he **showed up** late for the lecture, Don Tomlinson apologized to the lecturer.

ドン・トムリンソンは、講義に遅刻した後、講師に謝罪した。

□ apologize to 人　　人に謝罪する

030 have difficulty doing　　〜するのに苦労する（類 have trouble doing）

Many Chinese learners **have difficulty** perfecting their pronunciation despite years of practice.

多くの中国語学習者は、長年練習を積んだにもかかわらず、完璧な発音をするのに苦労している。

□ perfect 動 [pərfékt] / 形 [pə́ːrfikt]　　動 〜を完璧にする　形 完璧な

031 get A across — Aをわかってもらう

Businesses increasingly spend millions of dollars trying to **get** their message **across** to consumers via advertising.

企業は、広告を通してメッセージを伝えようとして、ますます大金を費やしている。

関 □ **A get across** — Aをわかってもらえる

032 fall behind — 遅れる

A recent government report in Britain has indicated that ability in math and science is **falling behind** countries in Asia.

最近のイギリス政府の報告によれば、数学と科学の能力がアジア諸国に遅れをとっている。

033 turn in — 〜を提出する(**類** hand in, submit)

Be sure to **turn in** your assignment either on or before the deadline.

必ず期限通りかまたは期限前に課題を提出してください。

034 break down — 故障する

Because the photocopy machine frequently **broke down**, the law department decided to purchase a new one.

コピー機が頻繁に故障したので、法学部は新しい物を購入することに決めた。

035 break into — ～に参入する、～に侵入する

After graduating, Dean Felton hopes to **break into** the field of advertising.

ディーン・フェルトンは、卒業後は広告の分野の仕事に就くことを望んでいる。

036 take on — ～を引き受ける (類 undertake)、(性質を)帯びる (類 assume)

Due to his heavy workload, Professor Davidson is unable to **take on** any new book writing projects until the end of the year.

仕事量が非常に多いため、デーヴィッドソン教授は、年末まで新しい本を執筆する企画をひとつも受けられなかった。

037 rather than　〜ではなく

The seminar will take place at eleven o'clock **rather than** at eleven-thirty as scheduled.

セミナーは、予定されていた11時30分ではなく、11時に行われる。

- as scheduled　　予定されている通りに

038 struggle with　〜に苦労する、〜と戦う

Many students **struggle with** homesickness during their first weeks away from family.

多くの学生は、家族と離れて最初の数週間、ホームシックに悩まされる。

- 関 struggle to do　　〜しようと奮闘する

039 end up　最終的に〜なる

Despite missing some lectures due to illness, Sayako Tanaka **ended up** getting the top score on her exam.

病気でいくつかの講義に欠席したにもかかわらず、サヤコ・タナカは最終的に試験で一番の点数を取った。

- 関 end up doing　　最終的に〜することになる

カテゴリ別単語 ● 熟語

040 take credit 　　手柄をとる

Although he delivered the group's findings to the class, Tom Robinson refused to **take all of the credit** himself.

グループの研究結果をクラスに発表したものの、トム・ロビンソンは手柄を独り占めすることを拒んだ。

Note 否定文で、all や full という修飾語をともない「全部が自分の手柄ではない」という時によく使うイディオム。

041 can afford to do 　　〜する余裕がある

Because of an unexpected budget surplus, the Dalton College **can afford to** refurbish both the library and the foreign language laboratory.

予想外に予算が余ったため、ドルトン大学は、図書館と外国語学演習室の両方を改装する余裕がある。

- surplus [sə́ːrpləs] 　　**名** 余剰
- refurbish [riːfə́ːrbiʃ] 　　**動** 〜を改装する、〜を一新する

042 be willing to do 　　進んで〜する（**反** be unwilling to do, be reluctant to do）

Despite repeated attempts by the teacher, none of the students **were willing to** volunteer an answer.

教師の再三の努力にもかかわらず、学生の誰も、自分から進んで答えを言おうとしなかった。

043 sit in
見学する、聴講する

Students at Brown College are encouraged to **sit in** on classes to see which one they should take during the first week.
ブラウン大学の学生は1週目にどの授業を履修するべきかを知るため授業を見学することを奨励されている。

関 □ **sit in on a class**　授業を聴講する/見学する

Note　聴講とは単位をもらわず授業に出席すること。

044 brush up
〜を磨き直す、〜の復習をする（類 review）

In order to **brush up** his teaching skills, Ken Smith decided to attend a classroom management workshop.
指導技術を磨き直すため、ケン・スミスは、学級管理ワークショップに出席することに決めた。

045 add up to
合計で〜になる

After sales tax is included, the total cost of Professor Makita's new book **adds up to** $29.99.
売上税を含むと、マキタ教授の新しい本の総額は29ドル99セントになる。

カテゴリ別単語 • 熟語

046 calm down　落ち着く

The teacher asked the class to **calm down** after they heard the fire alarm begin to sound.
教師は、火災報知器が鳴り始めるのを聞いて、クラスに落ち着くよう求めた。

047 hesitate to do　〜するのをためらう

Please do not **hesitate to** contact me if you have any questions.
もしご質問があれば、遠慮なくご連絡ください。

関 □ **do not hesitate to do**　お気軽に〜してください
(**類** feel free to do)

048 play a role in　〜の役割を果たす (**類** play a part in)

Your own effort will **play a role in** your success.
あなた自身の努力が、あなたの成功の一因となるでしょう。

> Note　有名な熟語だがライティングで前置詞を間違う人が続出する表現。

049 be aware of　　〜に気が付く

■ Please **be aware of** the slippery floor while walking in the hallway.
廊下を歩く際は、床が滑りやすいのでご注意ください。

- slippery [slípəri]　　形 滑りやすい

050 put together　　〜をまとめ上げる、〜を組み立てる（類 assemble）

■ The students **put together** a presentation on the effects of global warming.
学生は、地球温暖化の影響に関するプレゼンをまとめた。

051 take apart　　〜を分解する

■ Because the car was making a strange noise, the mechanic decided to **take apart** the engine.
車が奇妙な音をたてていたので、整備士はエンジンを分解することに決めた。

カテゴリ別単語 ● 熟語

052 stand by　　待機する

The class was asked to **stand by** and wait for the instructions to be read out.
クラスは、待機して指示が読みあげられるのを待つように言われた。

関 □ **stand by A**　　Aを支持する (類 support)

053 come across　　〜に出くわす

While browsing at the library, Peter Adams **came across** an interesting book on recycling.
図書館で本を見て回っている時に、ピーター・アダムズはリサイクルに関する面白い本に出くわした。

Note　人にもモノにも使える便利な表現。run into は「(人や困難に)出くわす」という意味。

054 wear out　　〜すり減らす、〜を使えなくする

The carpets are replaced every three years because they get **worn out**.
カーペットは、擦り切れるので3年ごとに交換される。

関 □ **be worn out**　　疲れ果てる

055 call on ～に頼む

The lecturer **called on** students to volunteer their opinions about the recent election.
講師は、最近の選挙に関する意見を出すよう学生に求めた。

- call on A to do　　Aに～するよう頼む
- **call on A for B**　　AにBを頼む
  - call on Mike for advice　マイクに助言を求める

056 lean on ～にもたれかかる（類 lean against）

While lecturing, Professor Taylor often likes to **lean on** the podium.
講義をしている間、テイラー教授はよく好んで演壇にもたれる。

- podium [póudiəm]　　名 演壇

057 hold up ～を遅らせる（類 delay）

Several students were late for class this morning because their train was **held up**.
電車の遅延のため、今朝数人の学生が授業に遅刻した。

058 drop off　　～を車から降ろす

Parents are reminded not to **drop off** their children directly in front of the school gates.
両親は、校門のすぐ前で子供たちを降ろさないよう注意されている。

関 □ pick up　　～を車で迎えに行く

059 decide against doing　　～しないことに決める
（類 decide not to do）

In the end, the college **decided against** introducing a dress code.
最終的に、大学は服装規制を導入しないことに決めた。

□ in the end　　最終的に（類 finally）
□ dress code　　服装規定

060 mark down　　～を書き留める、～を値下げする

The professor mistakenly **marked down** several students as absent even though they were actually present.
教授は、実際は出席していたにもかかわらず、数人の学生を誤って欠席と記した。

関 □ mark down A as present/absent
Aを出席／欠席として記録する

061 meet needs
要求を満たす
(類 satisfy/fulfill needs/demands)

To **meet the needs** of its students, the college will open the cafeteria earlier in the morning.

学生の要求に応えるため、大学はカフェテリアを朝のより早い時間にオープンする予定だ。

062 appeal to
〜の興味を引く (類 attract)

This course will **appeal to** those looking to embark on a career in marketing.

このコースは、マーケティングの職に進みたい人々の興味を引くでしょう。

063 result in
〜という結果になる
(類 cause, lead to)

The inclement weather **resulted in** several students arriving late at school.

悪天候のせいで、数人の生徒が学校に遅刻した。

- inclement weather　悪天候

Note　result from「〜により生じる」と混同しないように注意。

カテゴリ別単語 ● 熟語

064 followed by　　〜が続く

The first part of the talk will be **followed by** a brief discussion on human rights.
講義の最初の部分の後に、人権について簡単に討議します。

|関| □ A followed by B　　AにBが続く（A→Bの順番）
　　□ A following B　　　Bに続いてA（B→Aの順番）

Note　following「〜に続いて」と混同しないように注意。

065 refer to　　〜を参照する、〜に言及する（類 mention）

Please **refer to** page 34 for a map of the campus.
キャンパスの地図については、34ページをご覧ください。

|関| □ refer to A as B　　AをBだと言う（類 describe A as B）

066 date back　　さかのぼる

The university **dates back** to 1843 but only a few records are available from that time.
大学の創立は1843年にさかのぼるが、当時の記録はほとんど残っていない。

067 in comparison to / by comparison to

〜と比べて (類 in/by comparison with)

In comparison to physics and chemistry, biology deals with the study of living things.
物理と化学に比べ、生物は生き物の研究を扱う。

(関) □ **compare A with/to B** AをBと比べる

Note: compare A to B には、「A を B にたとえる」という意味もある。

068 give rise to

〜を引き起こす (類 cause)

Technological advances have **given rise to** a growing number of online courses.
テクノロジーの進歩により、ますますオンライン講座が増えた。

069 distinguish A from B

A と B を区別する
(類 tell A from B, know A from B)

What **distinguishes** Belton College **from** other schools in the area is its strong focus on foreign language courses.
ベルトン大学が地域の他の学校と異なるのは、外国語コースをかなり重視していることだ。

カテゴリ別単語 • 熟語

070 □ take root　根付く、定着する

■ Despite predictions, solar power has yet to **take root** as the main method of power generation.
予測に反し、太陽エネルギーはいまだ主要な発電方法として根づいていない。

□ power generation　発電
□ power plant/station　発電所

071 □ except for　〜を除いて

■ All students must participate in sports day **except for** those with a valid reason not to.
正当な理由のある場合を除き、全ての学生は、運動会に参加しなければならない。

□ valid [vǽlid]　形 正当な、妥当な

072 □ be exposed to　〜にさらされる、〜を体験する

■ Doing a homestay overseas is an excellent way to **be exposed to** a different culture.
海外でホームステイをすることは、異文化に触れる極めて良い方法だ。

□ do a homestay　ホームステイをする

関 □ **exposure** [ikspóuʒər]　名 さらされること、触れること、暴露

Note ex-「外に」-pose「置く」というのが語源。

073 at large
逃走中で、全般

The fugitive has been on the run for two days and currently remains **at large**.
逃亡者は2日間逃走しており、現在も逃走を続けている。

- on the run　　逃亡して、走り回って
- 関 the country at large　　国内全般

074 go for
～を選ぶ（類 choose）、～を得ようと努力する

What made you **go for** a career in advertising?
あなたはなぜ広告の仕事を選んだのですか？

075 in a row
連続で

Belmont College has been voted the nation's leading nursing college for three years **in a row**.
ベルモント大学は、3年続けて投票で国内1位の看護大学に選ばれた。

「3年続けて」と言う場合、以下のように表すことができる

for three years in a row
for three consecutive/successive/straight years
for the third consecutive year
⚠ 序数詞を使う場合はyearという単数形になるので注意

カテゴリ別単語 ● 熟語

076 after all　　(いろいろあったが)結局

Jenny Wilson decided not to audition for a role in the school musical **after all**.

結局、ジェニー・ウィルソンは、学校のミュージカルの役のオーディションを受けないことに決めた。

077 be used to doing　　～するのに慣れている
(類 be accustomed to ～ing)

As an experienced math teacher, Mike Norwood **is used to** explaining algebra easily to his students.

経験豊かな数学教師として、マイク・ノーウッドは、学生に代数を簡単に説明するのは慣れている。

078 keep in mind　　～を覚えておく (類 bear in mind)

Please **keep in mind** that the cafeteria's opening hours will change effective next week.

カフェテリアの営業時間が来週から変わることにご注意ください。

Note Aが短い場合はkeep A in mindの語順になるが、in mindより長い場合keep in mind Aの語順になるのが普通。

079 a bunch of   たくさんの〜

Upon finding **a bunch of** folders left on his desk, the teacher asked the class who they belonged to.
たくさんのフォルダーが机の上に置いてあるのを見て、教師はクラスに誰の物なのか尋ねた。

□ upon doing	〜する時、〜したらすぐに
□ belong to	〜に属する
関 □ **bunch**	名 束、房

080 vice versa   その逆もしかり

During the class, students translate from English into Japanese and **vice versa**.
授業中に、学生は英語を日本語に翻訳し、その逆も行なう。

! ここでは、英語を日本語に翻訳することの逆なので日本語を英語に翻訳することを表している

081 be confronted with   〜に直面する(類 be faced with)

When **confronted with** a problem, most people tend to ask their friends for advice.
問題に直面している時、ほとんどの人々は友人に助言を求める傾向がある。

| □ tend to do | 〜する傾向がある |

カテゴリ別単語 ● 熟語

082 when it comes to
〜のこととなると

When it comes to campuses, Grange Court University is consistently voted the most beautiful.
キャンパスに関しては、グレンジ・コート大学は、常に投票で最も美しいとして選ばれている。

□ vote A B　　Aを B に選ぶ

Note when it comes to の to は前置詞なので後ろには名詞や doing (動名詞) が来る。

083 put A in place
A の準備を整える

After everything has been **put in place**, the new science laboratory will begin to be used by students.
全ての準備が整ったら、新しい科学研究所は学生に使用され始める。

084 count on
〜に当てにする
(類 rely on, depend on)

Many students **count on** their parents to support them through college.
多くの学生は、大学を出るまで両親が援助してくれることを当てにしている。

関 □ **count on A to do**　　A(人)が〜するのを当てにする

085 keep up with 〜に遅れずについて行く

Many in the room found it difficult to **keep up with** the rapid pace of the lecture.
室内の人々の多くは、講義の急速なペースについていくのが難しいと感じた。

関 □ **Keep it up!** これからもがんばり続けろ

Note: catch up with「〜に追いつく」と意味が違うことに注意。

086 at a ... pace 〜な速さで

Because he was running out of time, the lecturer tried to cover the topic **at a** brisk **pace**.
残り時間がなくなりかけていたので、講師は速いペースで議題を進めようとした。

□ brisk [brísk] 形 きびきびした

関 □ **at a slow pace** ゆっくりした速さで
　□ **at a steady pace** 一定の速さで
　□ **at one's own pace** 自分のペースで

087 have an effect on 〜に影響を及ぼす (類 have an influence on, have an impact on, affect)

The quality of teaching has been found to **have a** great **effect on** student satisfaction.
教育の質が、学生の満足感に多大な影響を及ぼすことがわかった。

カテゴリ別単語 ● 熟語

088 clear up　〜を解決する、〜を片づける

To **clear up** any misunderstanding, the teacher used graphics to explain his point.

どんな誤解もなくすために、教師は、論点を説明するのに図表を使った。

□ graphic　　**名** 図表、画像

089 make up for　〜を埋め合わせる（類 compensate for）

Students who miss their scheduled classes will have to **make up for** them after school.

予定された授業を休む学生は、放課後に（補講に出席し）後れを取り戻さなければならない。

Note　補講は supplementary lesson と言う。

090 by definition　定義上、当然のこととして

A bilingual person **by definition** speaks two languages fluently.

バイリンガルは定義上2つの言語を流暢に話す人である。

091 in the meantime
その間に

I'll be out of the class for a moment, so **in the meantime**, please read pages 11 through 18.
私はしばらく教室を出ているので、その間、11ページから18ページを読んでください。

092 familiarize A with B
A(人)にBを熟知させる、慣れさせる

Students are asked to **familiarize** themselves **with** the location of the emergency exits throughout the building.
学生は、建物中の非常口の位置を把握しておくよう求められる。

- □ emergency exit　　非常口

- 関 □ familiarize oneself with A　Aを熟知しておく
- □ be familiar with A　Aを熟知している

093 behind the wheel
運転中に（類 at the wheel）

While **behind the wheel**, Glen Ford likes to listen to a French language study CD.
グレン・フォードは、運転中にフランス語学習CDを聞くのが好きだ。

Note　behind the wheel の wheel は「ハンドル」のこと。

094 look up to ～を尊敬する (類 respect)

As he had always **looked up to** her, Peter Hill decided to attend the special lecture series given by Professor Dawson.
常に彼女を尊敬していたので、ピーター・ヒルは、ドーソン教授の一連の特別講義に出席することに決めた。

095 have access to ～にアクセスする (類 access)

To **have access to** the campus Wi-Fi network, students are required to enter their student identification number.
キャンパスのWi-Fiネットワークにアクセスするには、学生は学生識別番号の入力を要求される。

096 contribute A to B AをBに寄付する (類 donate A to B)

After winning the lottery, Wendy Kato decided to **contribute** $50,000 **to** her former university's scholarship fund.
宝くじに当選した後に、カトウ・ウェンディは、前の大学の奨学資金に5万ドルを寄付することに決めた。

| □ scholarship fund | 奨学資金 |
| 関 □ contribute to A | Aに寄付する、貢献する |

097 give away
〜を無料で与える

■ Tolford Bookstore is to **give away** a free dictionary to any customer spending over $50 this week.
トルフォード書店は、今週50ドルを超える買い物をした全ての顧客に、無料の辞書を提供する。

関 □ **giveaway** [gívəwèi]　　名 サービス品、おまけ

---

098 stem from
〜から生じる
(類 result from, derive from)

■ Many diseases **stem from** poor sanitation conditions.
多くの病気は、不衛生な環境から生じる。

関 □ **stem** [stém]　　名 茎、幹

---

099 attribute A to B
Aの原因はBにある（と考える）
(類 ascribe A to B)

■ The falling price of oil is **attributed to** increased production and reduced demand globally.
石油価格の下落は、世界的に産出量の増加と需要の減少が原因である。

□ globally [glóubəli]　　世界的に（類 internationally）

100 make it 都合がつく、間に合う

I'm afraid I cannot **make it** to tomorrow's event so please give my apologies.

申し訳ありませんが明日のイベントに都合がつかないので、お詫びしておいてください。

101 single out （1つ/1人だけ）を選ぶ

After her audition, Akemi Tanaka was **singled out** for the lead role in the school musical.

オーディションの後、アケミ・タナカは学校のミュージカルで主役に選ばれた。

□ lead role　　　主役

Note pick out「選ぶ」と一緒に覚えると覚えやすい。
pick up「~を拾い上げる・~を取りに行く・~を車で迎えに行く」には「選ぶ」の意味がないので注意。

102 be poised to do ～する準備ができている
（類 be ready to do）

The Felton College soccer team **is poised to** win this year's tournament.

フェルトン大学のサッカー・チームは、今年のトーナメントで優勝する準備が整っている。

103 Can you do me a favor?
お願いがあるんだけど。

Can you do me a favor and help me carry these books to the second floor?
お願いがあるのですが、この本を2階へ運ぶのを手伝っていただけませんか？

Note Can I ask a favor of you?「お願いがあるんだけど」も覚えておこう。

104 You can say that again.
その通りだ。

A: It's very hot today.　　B. **You can say that again.**
A: 今日は本当に暑いですね。　B. 全くですね。

105 Tell me about it!
その通りだ。

A: It's very cold today.　　B. **Tell me about it!**
A: 今日は本当に寒いですね。　B. 本当ですね！

見出し語 さくいん

A

- a bunch of ... 322
- a range of ... 302
- abandon ... 191
- abrupt ... 219
- abstract ... 167
- academic ... 21
- accept A as B ... 301
- accessible ... 193
- according to ... 298
- accumulate ... 278
- accuracy ... 229
- accuse ... 234
- acknowledge ... 253
- acquire ... 272
- activate ... 284
- add up to ... 310
- address ... 249
- adequate ... 185
- adjacent ... 283
- admission ... 41
- adopt ... 269
- aesthetically ... 170
- affair ... 274
- affluent ... 283
- after all ... 321
- agent ... 260
- algae ... 122
- allowance ... 228
- along with ... 298
- alter ... 248
- altitude ... 231
- altogether ... 201
- alumni ... 40
- amend ... 158
- analogy ... 171
- angle ... 181
- appeal to ... 316
- applicant ... 55
- aptitude ... 282
- aquarium ... 205
- archive ... 188
- arrogant ... 268
- as well ... 300
- aspect ... 174
- assess ... 223
- assignment ... 23
- assure ... 194
- astronaut ... 140
- at a … pace ... 324
- at large ... 320
- at least ... 298
- attendance ... 29
- attribute A to B ... 328
- audio script ... 206
- authentic ... 230
- authority ... 238

B

- backpack ... 233
- ban ... 157
- be aware of ... 312
- be conflicted with ... 304
- be confronted with ... 322
- be exposed to ... 319
- be held responsible for ... 303
- be poised to do ... 329
- be used to doing ... 321
- be willing to do ... 309
- behind the wheel ... 326
- benefit ... 182
- biased ... 277
- bibliography ... 38
- bill ... 150
- book signing ... 217
- botanical garden ... 182
- break down ... 307
- break into ... 307
- brush up ... 310
- budget ... 149
- bullying ... 246
- by definition ... 325

C

- call on ... 314
- calm down ... 311
- can afford to do ... 309
- Can you do me a favor? ... 330
- carbon dioxide ... 141
- cardboard ... 249
- career path ... 147
- case study ... 202
- cave ... 160
- census ... 155
- certificate ... 228
- characterize ... 266
- charity ... 227
- choir ... 174
- city official ... 152
- clear up ... 325
- clue ... 198
- coherently ... 169
- collapse ... 196
- collective ... 244
- collision ... 276
- combine A with B ... 299
- come across ... 313
- comfort ... 239
- commemorate ... 221
- commercial ... 144
- community service ... 50
- compatible ... 256
- compensate ... 220
- competitive ... 248
- complimentary ... 233
- compost ... 122

見出し語 さくいん

comprehend ... 187	curriculum ... 22	eliminate ... 209
concern ... 179	customary ... 162	emphasize ... 210
concise ... 203		end up ... 308
conclusive ... 262	**D**	enforcement ... 157
conference ... 49	date back ... 317	enhance ... 216
confine ... 285	deadline ... 42	enroll ... 22
conform ... 286	dean ... 41	enterprise ... 146
conscience ... 288	decent ... 242	entrepreneur ... 145
consensus ... 273	decide against doing ... 315	epidemic ... 132
conservation ... 239	declare ... 264	equinox ... 139
considering ... 190	degree ... 18	equipment ... 207
constellation ... 139	delegate ... 195	erosion ... 142
constructive ... 277	density ... 224	establish ... 222
contaminate ... 279	deny ... 271	ethical ... 168
context ... 250	depression ... 150	evade ... 274
contradict ... 268	derive ... 225	evolution ... 127
contribute to ... 327	detergent ... 259	exaggerate ... 221
controversial ... 201	diagnose ... 135	exceed ... 272
convey ... 265	digestion ... 128	except for ... 319
copper ... 138	diminish ... 284	exchange student ... 30
coral reef ... 123	dinosaur ... 129	exclusively ... 214
corrode ... 142	diplomat ... 155	executive ... 156
councilor ... 154	dirt ... 138	exist ... 257
count on ... 323	disaster ... 137	expedition ... 238
counterpart ... 280	discredit ... 269	expel ... 223
countless ... 188	discretion ... 279	experiment ... 137
course professor ... 33	disperse ... 247	experiment ... 39
courteous ... 252	displace ... 163	expertise ... 250
coverage ... 261	dispose ... 225	extinct ... 128
craftwork ... 189	distinction ... 244	extract ... 226
cram ... 193	distinguish A from B ... 318	
creature ... 124	dormitory ... 31	**F**
credit ... 19	drop off ... 315	facilitate ... 286
crisis ... 261	due ... 33	faculty ... 21
criterion ... 26		faith ... 165
critical ... 251	**E**	fall behind ... 306
crop ... 120	ecosystem ... 125	familiarize 人 with A ... 326
crucial ... 224	elect ... 153	famine ... 164
curator ... 166	elective ... 20	feasible ... 290

見出し語 さくいん

fertilizer	121
field work	35
financial aid	36
finite	270
fiscal year	183
flavor	232
flourish	285
focus group	151
focus on	299
followed by	317
footnote	38
for fear of doing	300
fraction	191
fraternity	26
free of charge	300
friction	282
furious	252

G

gardener	177
gardening	258
generate	184
get A across	306
give away	328
give rise to	318
given	199
glacier	140
go ahead	297
go for	320
grades	19
graduation	40
grain	120
grant	49
grasp	265
gratitude	289

H

habitat	125
hallway	179
handout	32
hands-on	214
harsh	255
have access to	327
have an effect on	324
have difficulty doing	305
health care	186
heritage	215
hesitate to do	311
highlight	200
hold up	314
housing	29
hygiene	131

I

identity	210
imitate	180
immigration	159
impede	288
imply	177
in a row	320
in line with	302
in terms of	304
in the meantime	326
incentive	147
incident	246
incomprison to/by comparison to	318
in-depth	187
indigenous	162
indulge	287
infection	131
inject	133
insight	263
institute	243
intact	203
interact	173
intermediate	34
internship	25
interview	55
invest	144
ironically	237
irrigation	164
isolate	211

J

| job fair | 45 |
| job opening | 44 |

K

| keep in mind | 321 |
| keep up with | 324 |

L

label	232
landmark	197
late fee	48
lawsuit	156
lead to	296
lean on	314
liable	290
lifespan	123
literacy	170
look up to	327
luxury	254

M

major	20
make an effort to do	296
make it	329
make up for	325
make use of	299
mammal	130
management	146
mark down	315
material	43
mature	271
mayor	154

333

見出し語 さくいん

meaningful ... 213	**P**	**R**
meet needs ... 316	patent ... 145	race ... 160
metaphor ... 166	pause ... 208	ranging from A to B ... 302
midterm ... 28	perception ... 141	rather than ... 308
minimize ... 218	pesticide ... 127	reasonable ... 175
minimum ... 262	photocopy ... 173	recreation ... 236
missionary ... 159	physician ... 133	recruit ... 149
modify ... 259	placement test/exam ... 34	redundant ... 256
motivate ... 190	plausible ... 291	refer to ... 317
multiple choice ... 47	play a role in ... 311	register for ... 297
	plight ... 287	remedy ... 134
N	point out ... 304	remote ... 267
noble ... 212	portfolio ... 151	reputation ... 222
norm ... 163	portion ... 220	resident ... 260
notable ... 234	postpone A until B ... 303	resistance ... 278
note ... 196	potential ... 264	resource center ... 50
noteworthy ... 245	practical ... 258	responsibility ... 53
now that ... 297	presentation ... 36	restore ... 161
numerous ... 216	press conference ... 172	restriction ... 205
	pressing ... 207	result in ... 316
O	prestigious ... 275	résumé ... 54
objective ... 273	prey ... 124	retrieve ... 281
observe ... 181	primate ... 126	revenue ... 148
obsolete ... 241	principal ... 48	revise ... 194
obstacle ... 275	procedure ... 172	reward ... 185
omit ... 253	profession ... 192	rhyme ... 168
ongoing ... 219	proofread ... 229	run out of ... 301
optimistic ... 167	property ... 184	rural ... 267
option ... 180	publication ... 189	rush ... 209
organic ... 121	pursue ... 243	
outbreak ... 134	put A in place ... 323	**S**
outdated ... 204	put together ... 312	sanitation ... 132
outline ... 27		sarcastic ... 171
outrage ... 276	**Q**	scheme ... 195
overlook ... 240	qualification ... 54	scholarship ... 24
overview ... 202	quiz ... 27	school board ... 46
overwhelm ... 217	quotation ... 39	sculptor ... 165
		sector ... 192
		seek ... 230

見出し語 さくいん

semester 18
set apart 301
set up 296
setting 218
shelter 226
shift 53
show up 305
shuttle bus 51
sign-up sheet 44
simulate 143
single out 329
sit in 310
skip 32
smuggle 266
socialize 28
solidarity 245
sophomore 31
sort 186
source 37
Space exploration 143
species 126
specify 231
split 247
spontaneous 263
stand by 313
startle 241
stem from 328
stereotype 236
strategy 227
struggle with 308
stuck 176
student ID 35
student loan 47
study abroad 30
study group 51
subscription 197
subtle 255
summarize 43
summarize 200

survey 52
suspect 257
sustainable 213
swallow 240
syllabus 46
sympathy 251
symptom 135

T

take apart 312
take credit 309
take on 307
take root 319
taxation 152
teaching assistant 52
tedious 289
Tell me about it! 330
tempt 254
tenant 280
thesis 37
thrive 211
timid 235
track 178
tradition 161
train A to do 305
transcript 45
transportation 206
tremendous 198
tuition 24
turn in 306
tutor 23
tutorial 42

U

unanimous 291
undergo 281
undergraduate 25
unearth 129
unfortunately 237

upcoming 183
update 176
urban 175
utilize 242

V

validate 270
vehicle 178
vice versa 322
violation 158
virtually 199
virtuous 169
volatile 208
vote 152
vulnerable 235

W

warning 215
way 204
wealthy 212
wear out 313
when it comes to 323
with regard to 303

Y

You can say that again. .. 330

335

●著者紹介

森田鉄也 Morita Tetsuya
TOEIC受験対策専門校エッセンス イングリッシュ スクール、河合塾、東進ハイスクール講師。慶應大学文学部英米文学専攻卒業。東京大学大学院言語学修士課程修了。慶應大学在学中にアメリカへ留学し、英語教授法TEFLを取得。TOEIC990点満点、TOEIC SW各200点満点、国連英検特A級、英検1級、TOEFL ITP660点、TEAP400点満点、通訳案内士資格保持。著書に『TOEIC®TEST長文読解TARGET600』『TOEIC®TEST長文読解TARGET900』(以上、Jリサーチ出版)、『1駅1題新TOEIC®TEST単語特急』『新TOEIC®TESTパート1・2特急 難化対策ドリル』(以上、朝日新聞出版)、『メガドリル TOEIC®TEST リーディング Part5&6』『メガドリル TOEIC®TEST リーディング Part7』(以上、スリーエーネットワーク)など多数。

トニー・クック Tony Cook
静岡インターナショナル・エア・リゾート専門学校で、TOEIC®テストおよびTOEIC®スピーキングテスト/ライティングテストを指導。University of Exeter卒業。Cambridge CELTAを取得。TOEIC®テスト、TOEIC®スピーキングテスト/ライティングテストを定期的に受け、問題を分析。(株)アルク主催TOEICスコアアップ指導者養成講座第7回卒業。『TOEIC®テストいきなり600点!』『TOEIC®テスト究極のゼミPart7』(以上、アルク)の問題作成を担当。TOEIC®スピーキングテスト/ライティングテスト200点/200点。

カバーデザイン	滝デザイン事務所
本文デザイン/DTP	株式会社秀文社
翻訳	及川亜也子
音声録音・編集	一般財団法人 英語教育協議会(ELEC)
CD制作	高速録音株式会社

TEAP 英単語スピードマスター

平成28年(2016年)7月10日 初版第1刷発行

著者 森田鉄也/トニー・クック
発行人 福田富与
発行所 有限会社 Jリサーチ出版
〒166-0002 東京都杉並区高円寺北2-29-14-705
電話 03(6808)8801(代) FAX 03(5364)5310
編集部 03(6808)8806
http://www.jresearch.co.jp
印刷所 株式会社 シナノ パブリッシング プレス

SBN978-4-86392-298-3 禁無断転載。なお、乱丁・落丁はお取り替えいたします。
©Tetsuya Morita, Tony Cook 2016 All rights reserved.